Bibliografische Information der Deutschen Nationalbibliothek:

Die Deutsche Bibliothek verzeichnet diese Publikation in der Deutschen National-
bibliografie; detaillierte bibliografische Daten sind im Internet über http://dnb.d-
nb.de/ abrufbar.

Impressum:

Copyright © 2016 GRIN Verlag, Open Publishing GmbH
Druck und Bindung: Books on Demand GmbH, Norderstedt Germany
ISBN: 9783668384484

Dieses Buch bei GRIN:

http://www.grin.com/de/e-book/351331/einfuehrung-in-das-schuldrecht-ausfueh-
rung-und-juristische-loesung-praxisrelevanter

Mike G.

Einführung in das Schuldrecht. Ausführung und juristische Lösung praxisrelevanter Probleme

GRIN Verlag

Deutsches Sachenrecht (BGB AT & BT)

Das deutsche Recht wird in der gesamten Welt für seine Genauigkeit gelobt, ist aber auch für seine Umständlichkeit bekannt. Belesenheit im deutschen Recht ist immer nur von Vorteil, deshalb werden in dieser Arbeit einige „Probleme" des täglichen Lebens anhand des Schuldrechts aus dem Bürgerlichen Gesetzbuch (BGB) erörtert. Welche Rechte habe ich als Verbraucher? Worauf muss ich als Gewerbetreibender achten? Und darf mich mein Verkäufer wirklich derart behandeln? Diese und noch viele andere Fragen sollen innerhalb dieses Textes geklärt werden. An einigen Stellen wird nicht sehr tief in die Materie eingetaucht, da es viel zu komplex für eine solche Zusammenfassung werden würde. Es wurden Probleme aufgegriffen, welche das BGB allgemeingültig löst und nicht unbedingt fallspezifisch (für jede Art von Verträgen unterschiedlich). Dieses Werk entstand ursprünglich anhand von Mitschriften der Schuldrechtsvorlesungen im Nebenfach Jura und wurden um einige Gedanken und Ausführungen aus der Sekundärliteratur sowie aus der jüngsten Geschichte erweitert. Es wird dem Leser erste Einblicke in das deutsche Rechtssystem gewähren und im Alltag von überaus hohem Nutzen sein.

- Europäisches Recht und anglo-amerikanisches sind die zwei großen Rechtssysteme des Okzidents.
  - Ersteres basiert auf römischen Recht, deutsches Recht wird immer weiter daran angeglichen.
  - Letzteres ist aus sich selbst heraus entstanden „case law" (Unabhängigkeitserklärung etc.).

- Recht ist entstanden, da Menschen immer Konflikte miteinander haben.
  - Zwei Arten der Problemlösung: mit oder ohne Gewalt.
  - Menschen haben innere Überzeugung, dass im Konflikt nur eine Handlung richtig / gerecht ist. => Aufgabe des Rechts ist es herauszufinden, welche.
- Recht kann nur selten absolute Urteile fällen, viele Fälle sind zu individuell für das Gesetzbuch.
  - Juristen suchen nach geeigneten Rechtsgrundlagen um Rahmen zu schaffen.
  - Wenn Gesetzeslage nicht komplett eindeutig ist, entscheiden Richter in Gerichten über Fall.

- In Deutschland u.a. zwei Arten von Recht: **Öffentliches** (Verwaltungsgerichte) und **Privates Recht** (Instanzenhierarchie unten).
- **Instanzenhierarchie der ordentlichen Gerichte (= privates Recht):** Bundesgerichtshof ← Oberlandesgericht ← Landesgericht ← Amtsgericht.
  - Jedem Bürger stehen immer zwei Instanzen zur Verfügung, d.h. wenn Amtsgericht seiner Meinung nach nicht korrekt gehandelt hat, kann er bei höherer Instanz (Landesgericht) Berufung einlegen.
  - Amtsgericht befasst sich mit allen Rechtsproblemen, welche (Faustregel!) einen Gegenstandswert von unter 5 TEUR haben.
  - Landesgericht befasst sich analog mit Gegenstandswerten über 5 TEUR.
  - Höhere Instanzen beinhalten mehr Richter um Meinungsbildungsprozess fehlerfreier zu gestalten.

- **Suchstrategie bei Anspruchsgrundlagen im BGB.**
  - BGB ist sehr systematisch aufgebaut, geht nach Phasen im Menschenleben.
    - **1. Buch**: Allgemeiner Teil (hauptsächlich Geschäftsfähigkeit, also alles über Minderjährige).

- **2. Buch**: Schuldrecht (Verträge schließen).
  - **3. Buch**: Sachenrecht (Eigentum und Besitz von Dingen).
  - **4. Buch**: Familienrecht (nicht im exam relevant).
  - **5. Buch**: Erbrecht.
  - 1. Buch beinhaltet Regelungen, welche für alle anderen Bücher wichtig sind, z.B. beschränkte Geschäftsfähigkeit.
  - Vor dem Schuldrecht findet sich ein allgemeiner Schuldrechtteil, welcher Regelungen nur für das Schuldrecht beinhaltet, welche wiederkehrende Probleme abbilden, z.B. Verzugsrecht.

- **Schuldrecht.**
  - Unterteilung von zwei Arten der Schuldverhältnisse.
    - **(1) Rechtsgeschäftliches Schuldverhältnis.**
      - Meist über Verträge werden zwischen den Vertragsparteien Schuldverhältnisse geschlossen (Schuld eine Leistung zu erbringen und Schuld eine Gegenleistung zu erbringen).
    - **(2) Gesetzliches Schuldverhältnis.**
      - Gesetzliche Schuldverhältnisse bedürfen keiner Annahme der Willenserklärung.
      - **(a) Delikte**: Vermögensabnahme, weil sich jemand anders schuldhaft verhält.
      - **(b) Geschäftsführung ohne Auftrag**: Altruistische Handlung wird unter Strafe gestellt.
      - **(c) Bereicherungsrecht**: Ungerechter Vermögenszuwachs wird gemindert (Erbschaftssteuer).

- **Präjudiziensystem.**
  - Im anglo-amerikanischen Raum dürfen untergeordnete Gerichtsentscheide nicht jenen der übergeordneten widersprechen.
    - Viele Diskussionen ob ein Fall dem anderen ähnelt und wenn ja, wie weit.
  - Im europäischen Raum ist Präjudiz verboten.
  - Richter sind weder an die Exekutive noch Judikative gebunden, nur an Gesetze.
  - Wenn Gesetze nicht eindeutig sind, muss Richter nach seinem eigenen Ermessen handeln.
    → Wenn Richter keine „innerhalb der Judikative"-konforme Entscheidungen trifft, wird er nicht befördert in die nächste Instanz.
  - Lediglich Entscheidungen des Bundesverfassungsgerichts dürfen von Richtern nicht widersprochen werden.
    - Entscheidungen des BVerfG machen uneindeutige Gesetze eindeutig.

- **Vorgehensweise bei Betrachtung eines Falls.**
  - (1) Wer will was von wem woraus?
  - (2) Anspruchsgrundlage im Gesetzbuch (hier BGB) suchen.
  - (3) Tatbestandsmerkmale des Anspruchs mit Anspruchsgrundlage abgleichen.
  - (4) Regelungen im BGB mittels Suchstrategien finden.
  - (5) Kommentare zu einzelnen Paragraphen einsehen und ähnliche Urteile bzgl. eigenem Problem suchen.
  - (6) Mit stichhaltigen Argumenten versuchen die Entscheidung des Richters (zu Gunsten des eigenen Mandanten) zu beeinflussen.

- Zu (1): Keine Frage beantworten (Hat er Recht? Muss sie zahlen?), sondern Problem rechtlich formulieren (Er möchte Geld von ihr).
- Zu (2): Suchstrategie nutzen um zu schauen, ob Konflikt überhaupt rechtsgültig ist. Geeignete Rechtsgrundlage finden um zu sehen, worauf sich Ankläger eigentlich beruft.
- Zu (3): Analyse des Angebots / Antrags und der Annahme (zwei übereinstimmende, korrespondierende Willenserklärungen müssen vorliegen).

- ○ **Angebot** muss essentialia negotii (vertragswesentliche Bestandteile, Käufer, Verkäufer, Sache und Gegenleistung) beinhalten.
- ○ **Annahme** muss erklärt und zugänglich gemacht werden (außer § 151).
- ○ **Formulierung in Klausur**: Wie in §§ 145, 147 intendiert, bedarf es zwei übereinstimmender, korrespondierender Willenserklärungen für einen Vertragsschluss.
- ○ Angebot immer zuerst allgemein formulieren und dann konkret auf Fall anwenden.
  - ▪ Angebot ist eine Willenserklärung, welche einen anderen alle essentialia negotii vorgibt und Empfänger mit einfachem „Ja" Vertrag annehmen kann ohne weitere Verhandlungen.
- • Zu (4): Paragraphen für Bedeutung dieser Formulierungen suchen, welche genaue rechtliche Definitionen beinhalten.
- • Zu (5): Kommentare haben (außer von BVerfG) keine Bedeutung, jedoch erlauben sie dem Anwalt zu sehen, wie regionale Gerichte entschieden haben und abzuwägen wie sich Richter entscheiden wird. Richter in Amtsgerichten können zwar ihre Meinung zu bestimmten Uneindeutigkeiten ändern, machen es in Realität aber äußerst selten. Somit kann Anwalt absehen, ob er Prozess gewinnen kann oder nicht. Achtung: Auch „Entscheidungstradition" der nächsthöheren Instanz betrachten, falls Verteidiger in Berufung geht.

- • **Jus cogenz und dispositives Recht.**
- ○ Positives / zwingendes Recht (gilt für Strafrecht und öffentliches Recht): Staat gibt zwingend verpflichtende Rechtsnormen vor, welche unter keinen Umständen verändert werden dürfen.
- ○ Dispositives / abdingbares Recht (gilt nur für privates Recht): Staat stellt „Normalrechtsordnung" bereit, Privatleuten ist es erlaubt eigene Rechtsordnungen zu erstellen um somit im schlimmsten Fall für ihren eigenen Vorteil zu entscheiden.
- ○ **Sinn dispositiver Normen.**
  - ▪ Beispiel: Eheleute heiraten, sind sich Inhalt des geschlossenen Ehevertrages nicht bewusst, interessieren sich nicht dafür, denken in dem Moment nicht rational.
    - • Faktisch bestehe also kein Vertrag, dann aber Scheidung ungeregelt.
      - → Staat gibt als gerecht angesehene Grundnorm vor, um vor Betrug o.ä. zu schützen.
- ○ „Eine entgegenstehende Vereinbarung ist nichtig" - Satz gibt an, ob Recht dispositiv oder zwingend ist.
- ○ Dispositive Gesetze sollen bei Nichtregelung eine im Normalfall gerechte Regelung durch den Staat gewährleisten.
- ○ Grenzen sind zwingendes Recht und „gute Sitten" nach § 138.

- • **Nicht Zuordbares aus der ersten Vorlesung.**
- ○ Gerichte haben entschieden, dass Menschenwürde es verbietet Menschen zu töten, egal in welchem Hintergrund (Flugzeug, welches auf Bundestag zufliegt).
- ○ Definition von Sachen § 90 BGB: Körperliche Gegenstände, man darf damit machen, was man will.
  - ▪ § 90a: Tiere sind keine Sachen, werden aber wie solche behandelt, sofern es keine Gesetze gibt, welche anderes vorschreiben.
- ○ In Deutschland kann man zwei Arten von Sachen erwerben: Mobilien und Immobilien.
  - ▪ Mobilien werden verhandelt, Immobilien können nur mit Notar übergeben werden.
- ○ In Deutschland kann man nur Grundstück besitzen, Häuser und alles andere auf dem Grundstück gehören dem Grundstücksbesitzer.
  - ▪ Bei notariell korrektem Verkauf des Grundstücks (mit Umschreibung im Grundbuch) werden alle direkt mit dem Boden verbundenen Sachen und alle wesentlichen Bestandteile des Gebäudes an neuen Besitzer umgeschrieben.
    - → Bäume, Haus, Wände, Stützpfeiler, Türen, Fenstergläser etc..

- **Nachtwächterstaat.**
  - ○ Erbe der französischen Revolution: Bürger ist Mitglied des Staates und Mitglied der Gemeinschaft der Bürger.
    - → Unterscheidung Recht der Bürger und Recht des Staates.
  - ○ **Idee des Nachtwächterstaates**: Staat soll den Bürgern ein sicheres Leben ermöglichen (Außenpolitik, freie Marktwirtschaft).
  - ○ **Privatautonomie**: Recht auf Autonomie der Bürger.
    - ▪ Bürger haben in diesem Zusammenhang drei Freiheiten.
      - • **(1) Vertragsfreiheit**: (a) Abschlussfreiheit: mit wem ich will; (b) Inhaltsfreiheit: über was ich will.
      - • **(2) Eigentumsfreiheit**: Erwerb und Verkauf von Eigentum.
      - • **(3) Testierfreiheit**: Testamentsfreiheit.

- **Steuerung des Marktverhaltens in vier Punkten.**
  - ○ Staat greift regulierend in den Markt ein um Wettbewerbsfähigkeit aufrecht zu erhalten / zu verbessern.
  - ○ (1) Ungleichgewichte ausgleichen: Markt schafft keine gerechten Verträge, Vermachtung verhindern (Große werden immer größer, Kleine immer kleiner).
  - ○ (2) Regulierung von Vertragsformen (AGBs).
  - ○ (3) Regelung von Vertragsinhalten (gute Sitten, Gesetzeskonformität).
  - ○ (4) Staat schafft Formvorschriften (notarielle Beurkundung), damit sich beide Vertragsparteien intensiver mit Vertrag auseinandersetzen (Notar legt Vor- und Nachteile beider Parteien dar, Rechtsanwalt nur das wofür er bezahlt wird).

- **Grenzen der Privatautonomie.**
  - ○ **(1) Verstoß gegen die „guten Sitten".**
    - ▪ § 138: Verträge dürfen nicht gegen gute Sitten verstoßen.
    - ▪ BGB kann nicht alle Eventualitäten abdecken, deshalb wenn jemand einen neuen Vertragstyp erfindet, wird auf Einhaltung guter Sitten geprüft.
    - ▪ Sitten = übliche Handlungen, gut = naturalistischer Fehlschluss, deshalb vordefiniert.
      - • Gute Sitten = Anstandsgefühl aller billig und gerecht Denkenden.
        - → Ist nicht empirisch messbar / nachweisbar / erkennbar.
        - => Richter hat völliges case law, kann selbst entscheiden ob sittlich gut oder nicht.
    - ▪ Bei Unsicherheiten immer Perspektive wechseln: Würde ich einen solchen Vertrag unterzeichnen, würde ich mich dann massiv ungerecht behandelt fühlen?
      - → Wenn ja, dann wird Vertragstyp sehr wahrscheinlich abgelehnt.
    - ▪ **Drei Arten von Verträgen, welche gegen gute Sitten verstoßen.**
      - • **(1) Knebelverträge**: Brauerei baut eine Kneipe und verpflichtet Wirt dauerhaft dazu sein Bier auszuschenken (Investitionskosten herausholen).
        - ○ (Dauerhafte) Wettbewerbsbeschränkung nicht gewollt, deshalb hebt Staat solche Verträge auf, „zu lang" setzt Richter individuell fest.
      - • **(2) Sittenwidrige Ratenkredite**: Liegt Kreditzinssatz über dem Doppelten des Marktniveaus, wird Kreditzinssatz auf 0% revidiert und bereits geleistete (Zins-)Zahlungen der Tilgung zugerechnet.
      - • **(3) Überschuldungsfallen**: Vater möchte hohen Kredit aufnehmen und lässt Tochter bürgen.
        - ○ Tochter hat geringes Einkommen, warum machen Banken das:
          - - Moralische Zwickmühle als Tochter.
          - - Vater ist weniger dazu geneigt sein restliches Vermögen im Falle einer absehbaren Insolvenz an Familie zu verschenken.
        - ○ Wird Vater insolvent, muss Tochter ihr Einkommen dauerhaft einschränken um für

Schulden des Vaters zu bezahlen.
  - ∘ Vertrag ist rechtswidrig, weil Tochter keine Kenntnis vom Inhalt des Vertrages hat, sich in moralischem Dilemma befand und nicht in der Lage ist die Bürgschaft zu erfüllen.
- ∘ **(2) Gesetzesverstoß.**
  - § 134: Wenn Rechtsgeschäft gegen positives Recht verstößt, ist es nichtig.
  - Ob Norm positiv oder dispositiv ist, ist am Wortlauf erkennbar oder wird durch Gesetzesauslegung festgestellt.
  - Bei Vertragsschluss durch Betrug steht es Geschädigten frei Vertrag aufzulösen (§ 123 I)

- **Grundstruktur des bürgerlichen Rechts.**
  - ∘ Unterscheidung in Privatrecht und öffentlichem Recht.
    - **Privatrecht**: Beide Parteien sind Bürger, Streitigkeiten werden vor den Amts- oder Landesgerichten geklärt.
    - **Öffentliches Recht**: Eine der beiden Parteien ist der Staat, Streitigkeiten werden vor Verwaltungsgerichten geklärt.
      - → Genaue Abgrenzung ist nicht immer einfach.
  - ∘ **Hierarchie von Recht.**
    - Ganz unten in der Hierarchie steht das Bundesrecht (BGB, HGB).
    - Beschließt das BVerfG irgendetwas, so muss sich der Gesetzgeber daran halten, da BVerfG auf Verfassungswidrigkeit prüft.
      - Nicht nur, wenn Gesetze gegen Verfassung stehen, sondern auch wenn Staat kein Gesetz aufgestellt hat, welches in Verfassung verankertes Recht schützt.
    - Noch über dem BVerfG steht der EuGH, welcher 3 Formen der Rechtsprechung ausüben kann.
      - (1) EU-Verordnungen werden beschlossen, sind verpflichtend für alle EU-Mitgliedsstaaten.
      - (2) EU-Richtlinien werden vorgegeben, an welche sich EU-Mitgliedsstaaten bis zu einer gewissen Zeit angepasst haben müssen, sonst Geldstrafe (Bsp. Widerrufsrecht).
      - (3) EuGH Richterurteile sind Maßregeln für richterliches Handeln (wie andere Urteile).
      => Weil Deutschland an den EU-Vertrag gebunden ist, muss es sich an solche Regelungen und Verordnungen halten, auch wenn BVerfG widersprechen.

- **Handelsgesetzbuch steht in Kaufmannsfragen immer über dem BGB.**
  - ∘ BGB spricht von Verzugszinsen i.H.v. 5%, HGB von 8%, letzteres gilt für Kaufleute.

- **Rechtssubjekte.**
  - ∘ (1) **Natürliche Personen**: Jeder Mensch ist rechtsfähig, wenn er geboren wird.
  - ∘ (2) **Juristische Personen**: Vermögensmassen der Kapitalgesellschaften haften für Geschäfte der Gesellschaft, wenn Vermögen weg, dass Gesellschaft insolvent.
  - ∘ (3) **Mischformen**: Personengesellschaften können als juristische Person auftreten, sind aber nicht nur auf Einlagen, sondern auch Privatvermögen der Besitzer ausgeweitet.
    => Alle Personen und Institutionen sind rechtsfähig, lange Zeit aber nicht derart gewesen.

- **Geschäftsfähigkeit.**
  - ∘ Rechtsfähig ist jede Person (Säugling darf Auto besitzen), geschäftsfähig aber nicht (Säugling darf Auto nicht verkaufen).
  - ∘ Wenn nicht geschäftsfähig, dann durch gesetzlichen Vertreter vertreten.
    - Kinder durch Eltern, Unternehmen durch Organe.
  - ∘ Kinder bis einschließlich 7 Jahren sind **nicht geschäftsfähig**.
    - Geschlossene Verträge von vorne herein nichtig, möglicherweise zu Ungunsten der anderen Vertragspartei (Schokolade ist bereits gegessen, trotzdem Geld wiederbekommen).

- ◦ Kinder ab 7 Jahren sind nur beschränkt geschäftsfähig (§ 105).
  - ▪ Bedürfen des Rechtsvorstandes eines gesetzlichen Vertreters.
  - ▪ Verträge entstehen nur, wenn gesetzlicher Vertreter vorher einwilligt (§ 107) oder nachträglich genehmigt (§ 108; könnte auch verwerfen).
    => **Schwebend unwirksame Verträge**: Von Minderjährigem eingegangen, von gesetzlichen Vertreter bisher weder eingewilligt noch bestätigt.
  - ◦ **Drei Ausnahmen der beschränkten Vertragsfähigkeit von Minderjährigen.**
  - ▪ **§ 107**: Hat geschlossener Vertrag lediglich rechtliche Vorteile für den Minderjährigen, dann gültig.
  - ▪ **§ 110 Taschengeldparagraph**: Haben gesetzliche Vertreter oder Dritte unter deren Einverständnis den Minderjährigen Geld zur freien Verfügung überlassen, darf Minderjähriger damit frei verfügen.
    - • Kauf von Drogen, Alkohol oder Mofa fällt nicht unter von gesetzlichen Vertretern angedachten Verwendungszwecken.
    - • Ratenzahlung ist nicht rechtsgültig, weil Minderjährige ein Geschäft „bewirken" müssen.
  - ▪ **§ 113 Teilgeschäftsfähigkeit**: Ermächtigung durch den gesetzlichen Vertreter zu arbeiten führt automatisch zur Geschäftsfähigkeit aller mit der Arbeit verbundenen Geschäfte (Konto eröffnen).
    => „Schwebend unwirksamer Vertrag": Von Minderjährigen abgeschlossen, ohne vorherige Zustimmung und bisher ohne Genehmigung.

- • **Willenserklärung als Grundstein aller Verträge.**
  - ◦ Wille = Perspektive des Erklärenden (Freiheitsschutz).
  - ◦ Erklärung = Perspektive des Empfängers (Vertrauensschutz).
  - ◦ Vertragsabschluss kann explizit / ausdrücklich in Worten erfolgen (Vertrag), aber auch als Verhalten implizit / konkludent geschlossen werden (Kopfnicken, Handschlag).
  - ◦ **Beispiel Auslegung eines Vertrages / einer Willenserklärung.**
  - ▪ **Trierer Weinauktion.**
  - ▪ Bei Auktion kommt Neuer in Raum und hebt Hand um Freund zu winken; Handheben wird als Bieten gedeutet und Wein an Neuen verkauft.
  - ▪ Richter kann keine der beiden Parteien (welche selbst den Prozess gewinnen wollen) über nicht-beweisbare Tatsachen abfragen (Intention des Handelns).
    => Vorgang aus Sicht des **objektiven Empfängerhorizonts** betrachten (der, der es hört/sieht).
    - • Idealauktionär einer Weinverkostung wird erschaffen und „gefragt" wie er die Handlung des Neuen gedeutet hätte.
      → Neuer müsste Wein erwerben, da Vertrag zu Stande gekommen ist.

- • **Verträge mit Lücken.**
  - ◦ Wird ein Vertrag abgeschlossen und beide Parteien vernachlässigen einen Fall, welcher bald eintritt, so müsste Fall laut Vertrag hingenommen werden.
  - ▪ Lückenfüllung entweder durch dispositives Recht oder richterliche Vertragsergänzung (es wird das eingefügt, was A hineingeschrieben hätte, wenn er an Handlung von B gedacht hätte)
    → **Hypothetischer Parteiwille.**
  - ◦ **Ergänzende Vertragsauslegung.**
  - ▪ In solchen Branchen / bei derartigen Geschäften sind bestimmte Vorgehensweisen üblich.
    → Vergleiche Definition „guter Sitten".
  - ▪ Vernachlässigen beide Parteien die Absprache dieses Punktes schaut der Richter auf die übliche Rechtspraxis und „liest" notfalls die entsprechende Regelung in den Vertrag „hinein".

→ Gilt nur, wenn keine böswillige Absicht einer Partei.
→ Es gilt die **Verkehrssitte** (wie es üblicherweise gemacht wird), wenn Gesetzestext unklar ist.

- ◦ **Beispiel: Kauf einer Buchhandlung mit regionalem Monopol.**
  - ▪ Vertragsparteien einigen sich auf Übergabe der Buchhandlung zum vereinbarten, von beider Seiten akzeptierten Preis.
  - ▪ Nach einiger Zeit eröffnet der ehemalige Besitzer einen zweiten Buchladen und bezieht seinen alten Kundenstamm wieder.
  - ▪ **Problem**: Käufer hat mit Gebäude auch Kundenstamm gekauft, Vertrag aus seiner Sicht nicht eingehalten.
  - ▪ **Lösung**: Richter schaut auf übliche Rechtspraxis; zwischen Großkonzernen wird häufig ein temporäres Wettbewerbsverbot ausgehandelt, wenn Unternehmen den Besitzer wechseln.
    - • Hätte Käufer vor dem Kauf gewusst, dass Verkäufer ihm Konkurrenz machen wird, hätte er eine Wettbewerbsverbotsklausel eingefügt.
    - → **Hypothetischer Parteiwille.**
    - → 2-jähriges Wettbewerbsverbot wird vom Richter in den Vertrag „hineingelesen".
    - → **Ergänzende Vertragsauslegung.**

> **Schöffen.**
> Kaufleute werden vom Gericht einberufen als Schöffen / kaufmännische Berater eines Richters zu agieren. Müssen Richter über übliche Vertragsauslegung in Branche aufklären (Was bedeutet „ohne Obligo" und wie wird es ausgelegt?).

- • **Auslegung von Rechtsnormen.**
  - ◦ **(1) Wortlautauslegung**: Was geschrieben / gesagt wurde, das wird nach juristischen Maßstäben ernst genommen („Sache" nach § 90 definiert).
  - ◦ **(2) Systematische Auslegung**: Was meint jene Formulierung innerhalb des Textes / Gespräches etc.
  - ◦ **(3) Historische Auslegung**: Was war die vom Gesetzesgeber intendierte Problemlösung durch Erlass dieses Gesetzes?
    - ▪ Historische und tatsächliche Hintergründe werden analysiert um zu schauen, ob Gesetz noch Geltung findet, oder nicht.
    - ▪ Bundesgesetzblatt veröffentlicht zu jedem neuen Gesetz eine (meist zu kurze) Begründung vom Ausschuss und der gesetzgebenden Instanz.
  - ◦ **(4) Teleologische Auslegung**: Jedes Gesetz beinhaltet eine verstandesmäßig erfassbare Wahrheit, welche zu ergründen ist.
    - ▪ Was verstehen alle / die meisten Menschen unter dieser Formulierung?
    => Bundesgerichtshof hält sich an teleologischer Auslegung.
- • **Objektiver Empfängerhorizont.**
  - ◦ § 133 spricht von Auslegung der Willenserklärungen nach Absicht, nicht nach Formulierungen.
  - ◦ § 157 spricht von Auslegung von Verträgen gemäß Verkehrssitte, Treu und Glaube.
    - → Beide Gesetze werden simultan für Auslegung von Willenserklärungen angewandt.

- • **Bedeutung der Privatautonomie.**
  - ◦ Explizite Vereinbarungen stehen über dem dispositiven Recht.
  - ◦ Sogar Mutmaßungen über Vereinbarungen stehen darüber.
- • **Entstehung Handelsrecht.**
  - ◦ **Lex Mercatoria** ist im Mittelalter etabliert worden.
  - ◦ Wegen regionaler / nationaler Rechtsunterschiede einigten sich Kaufleute auf eigene Regelungen, welche üblicher Praxis des Handels folgte.
    - → Handelstradition wurde zu verbindlichen Regelungen bei Geschäften zwischen internationalen Kaufleuten.
  - ◦ Tradierte Formulierung in kaufmännischen Verträgen muss Schöffen bekannt sein, Richter

fragt nach üblicher Auslegung und spricht dann Urteil über ergänzende Vertragsauslegung.

- **Invitatio ad offerendum.**
  - Kaufschilder, Etikett, Kataloge etc. beinhalten zwar Preisangaben, sind aber nicht bindend.
  - Willenserklärung kann nur mit anderem Menschen, nicht mit Sache selbst geschlossen werden.
  - Verkäufer hat ein Recht darauf sich Käufer anzusehen um Geschäftsfähigkeit und Zahlungsfähigkeit beurteilen zu können (Verkehrssitte).
    - Kauf ist Vertrauensakt, mit Kauf können u.a. Gewährleistungen / Garantieansprüche einhergehen und eine längere Vertragsbeziehung entstehen, deshalb Beurteilung der Vertrauenswürdigkeit durch Verkäufer wichtig.
    - → In heutiger Zeit werden Programme geschrieben, welche stellvertretend für Verkäufer Willenserklärungen eingehen, also Invitatio ad offerendum existenzgefährdet.
    - => Verkaufsschild ist Invitatio ad offerendum / Einladung zum Schließen einer Willenserklärung.
  - **Beispiel Druckfehler auf Etikett.**
    - Etikett weist Kaufpreis von 20€ aus, Jacke kostet aber 200€.
    - Potentieller Kunde bereit Jacke für 20€ zu kaufen, Kasse bemerkt Druckfehler, Kunde bekommt Jacke nicht für 20€.
      - → **Verkehrssitte**: Verkäufer will Kunden kennenlernen und gibt Willenserklärung erst an Kasse ab.
    - Hätte ein Verkäufer Kaufpreis 20€ bestätigt, dann für 20€ gekauft.
    - Konsum einer Ware (Speisen im Restaurant) schützt nicht vor Druckfehlern.
  - **Bedeutung einer Invitatio ad offerendum.**
    - Grobe Informationen werden auf den Markt geworfen um potentielle Kunden anzusprechen.
    - Bei einem Inserat wird ein allgemeines Angebot gezeigt, welches viele Käufer annehmen könnten; dann würden viele Kaufverträge bestehen für ein Gut, welches der Verkäufer möglicherweise nur einmal besitzt, deshalb hat Verkäufer das Recht sich einen Kunden auszusuchen und nicht anderen Schadensersatz leisten zu müssen.
    - Wenn es keine Invitatio ad offerendum gäbe, dann müsste man beim Zurücklegen einer Sache im Supermarkt mit der Geschäftsleitung jedes mal einen Aufhebungsvertrag schließen.

- **Zitieren von Gesetzestexten.**
  - Paragraph § (Leerzeichen) Gesetzesnummer, Absatz (römische Zahl), Satz (arabische Zahl), Alternative (wenn „oder"-Gesetz).
  - Beispiele: § 433 I, 1   § 812 I,1 Alt. 1

- **Juristische Vorgehensweise im Fall des Druckfehlers.**
  - **(1) Wer will was wann vom wem woraus?**
    - Kunde möchte Jacke für 20€ vom Verkäufer kaufen, weil das Etikett solches ausweist.
  - **(2) Anspruchsgrundlage suchen.**
    - § 433 I, 1 „Verkäufer ist Käufer verpflichtet Ware auszugeben und Geld anzunehmen, wenn Kaufvertrag geschlossen wurde".
  - **(3) Prüfung der Anspruchsgrundlage.**
    - Liegt ein Kaufvertrag vor?
    - Wo findet sich erste Willenserklärung?
      - Zwischen Käufer und Etikett? → Nein, weil Invitatio ad offerendum.
      - Zwischen Käufer und Verkäufer, vertreten durch Kassensystem.
        - → Käufer möchte Jacke für 20€ kaufen, Verkäufer aber nicht verkaufen.
      - => Es bestand kein Kaufvertrag, also hat Käufer keinen Anspruch auf Jacke für 20€.

- **Willensmängel // <u>Unbewusstes</u> Auseinanderfallen von Wille und Erklärung.**
  - Wirksamkeit einer Willenserklärung.
    - **Innerer Tatbestand** (Wille): Erklärender muss wissen, dass seine Handlung als rechtliche Erklärung aufgefasst werden kann, unabhängig vom eingegangenen Geschäft.
    - **Äußerer Tatbestand** (Erklärung): Empfänger darf / muss auf Wahrhaftigkeit der Erklärung vertrauen können.
  - Bewusst durch Betrug ist strafbar (§ 123 BGB), unbewusst durch Irrtum kann widerrufen werden, wenn Empfänger Irrtum nicht bekannt war (§ 119 BGB).
  - **Anfechtung wegen Irrtum.**
    - Nach § 119 BGB Irrtum über Inhalt des Gekauften oder Eigenschaft der Sache als mögliche Anfechtungsgrundlagen.
    - Fechtet Erklärender Kaufvertrag wegen Irrtum an, so wird dieser rückwirkend nichtig gemacht (§ 142 BGB) → **Rückwirkungsfiktion.**
      - Verkäufer hätte das Recht auf Bezahlung, aber Käufer hat kompletten Kaufvertrag ungeschehen gemacht → **Objektiver Empfänger** gilt in diesem Fall nicht mehr.
    - Vertrauensbruch führt aber zu Vertrauensschaden, da sich Empfänger auf Wahrheitsgehalt der Nachricht / des Auftrags verlassen hat (objektiver Empfänger).
      => Alle Schäden und Kosten, welche der Käufer dem Verkäufer verursacht hat (inklusive Wertminderung des Verkaufsgegenstandes) müssen vollständig ersetzt werden (§ 122 BGB).
      → Eigentlicher Vorteil für Käufer wird durch (meist enorm hohe) Rückerstattung relativiert.
  - Anfechtung wegen Irrtum jedoch in Praxis unbeachtet, denn wichtige Regelungen sind ausgeschlossen.
    - **Rechtsirrtum**: Folgen einer Handlung nicht abschätzen zu können oder geltendes Recht nicht zu kennen ist keine Ausrede für kriminelles Handeln, man ist in der Pflicht Rechtsbeistand zu konsultieren oder sich rechtliche Grundlagen selbst beizubringen.
    - **Wert einer Sache**: Unerwartete Wertminderung des Verkaufsobjektes ist kein Irrtumsgrund, da Wert von etwas zwar von Eigenschaften abhängt (danach vom Markt bewertet), aber keine Eigenschaft der Sache ist (§ 119 BGB).
  - **Fall: Anfechtung wegen Irrtum juristisch durchgehen.**
    - (1) Käufer A will von Verkäufer B das Geld für Unternehmenskauf zurückerhalten.
    - (2) Anspruchsgrundlage § 812 I, 1 Alt. 1 „Wer irgendeine Leistung ohne Rechtlichen Grund von einem anderen bekommen hat, muss es zurückgeben".
    - (3) Leistung liegt vor, B hat A Unternehmen verkauft.
      - Erlangung liegt vor, A hat B Kaufpreis dafür gegeben.
      - Rechtlicher Grund liegt vor, Kaufvertrag ist zu Stande gekommen und beide Parteien haben diesem zugestimmt → Anspruch nichtig, da Kaufvertrag vorliegt.
        - Anfechtung nach § 142 BGB (rückwirkende Vertragsauflösung durch Anfechtung) gilt nicht, da § 119 BGB Anfechtungsgrundlagen nennt, welche nicht zutreffen.
        => Art der Anfechtung sehr bedeutend.

- **Arglistige Täuschung.**
  - Manipulation von Eigenschaften einer Sache führen zur Anfechtbarkeit des Kaufvertrages.
  - Anspruchsgrundlage § 123 BGB, da § 122 BGB diesen nicht mit Schadenserstattung belegt.
  - Kaufvertrag wurde durch arglistige Täuschung geschlossen, Grund der Anfechtung, Vertrag nach § 142 BGB nichtig.
    - Gegenstand muss im aktuellen Zustand übergeben werden, keine Erstattung der Abnutzung notwendig, Verkaufspreis muss mit entsprechender Verzinsung erstattet werden.
  - **Anfechtungsfristen**: § 124 BGB 1 Jahr nach entdecken des Betrugs, aber max. 10 Jahre (§ 121 BGB), da sonst eindeutige Beweisführung schwierig ist.
  - **Fallbeispiel Arbeitsvertrag basiert auf Täuschung.**

- Arbeitgeber stellt fest, dass Angaben bei Bewerbung vorsätzlich falsch waren, deshalb Auflösung des Arbeitsvertrages nach § 123 gewollt.
- Arbeitgeber würde Lohn vom Arbeitnehmer zurückbekommen, Arbeitnehmer aber durchschnittlichen Wert der von ihm erbrachten Leistung.
  - Wenn Sachen nicht wieder übergeben werden können (bereits gegessen oder Dienstleistungen bereits in Anspruch genommen), dann ist Wert der Sache nach § 812 zu erstatten.
- Bei Anfechtung im o.g. Beispiel müssten Arbeitgeber Gehaltszahlung und Arbeitnehmer Arbeitsleistung nachweisen.
  → Missverhältnis des Aufwandes, da Arbeitgeber nur Lohnabrechnungen ausdrucken muss, aber Arbeitnehmer Arbeitsleistung mit Stechuhr oder Zeugen nachweisen muss.
  => Arbeitnehmer wird durch Beweisfragen benachteiligt.
- **Lösung**: Rechtsprechung schließt Gesellschaftsverträge und Arbeitsverträge von §§ 119, 142, 812 aus, solche Ungerechtigkeiten sind nicht im Sinne des Gesetzgebers.
- Stattdessen darf Arbeitgeber den Arbeitsvertrag sofort beenden (fristlose Kündigung).
  - Unterschied ist Beenden des Arbeitsvertrages (**ex nunc**, ab jetzt) bzw. Rückwirkungsfiktion, dass Arbeitsvertrag niemals geschlossen wurde (**ex tunc**, ab damals).

- **Willensmängel // <u>Bewusstes</u> Auseinanderfallen von Wille und Erklärung.**
  - **(a) Scherzerklärung**: Aussage wird als Scherz formuliert, aber von Empfänger als Willenserklärung angesehen und Kaufvertrag kommt zu Stande.
    - § 118: Willenserklärung ist nur dann nichtig, wenn Erklärender wirklich einen Scherz gemacht hat.
      → Beweisführung vor Gericht ziemlich schwierig. Case law für den Richter.
  - **(b) Scheinerklärungen**: § 117: Werden zwei übereinstimmende Willenserklärungen abgegeben um einen Vertrag zu schließen, welcher eine andere Instanz (Staat) benachteiligen soll, ist Vertrag nichtig.
    - Meist werden zwei Verträge geschlossen, der Scheinvertrag um einen anderen zu betrügen und den eigentlichen, geheim gehaltenen Vertrag.
      → Geheimer Vertrag wird allen rechtlichen Pflichten unterworfen, welche für ihn gelten.

- **Wirksamkeit von Willenserklärungen.**
  - Es gibt grundsätzlich zwei Arten von Willensbekundungen.
    - (a) Nicht-empfangsbedürftige Willenserklärungen (z.B. Testamente) müssen Empfänger nicht vorliegen, da diese nicht zustimmen muss.
      - Erbrecht macht im Testament genannte Personen bei Tod des Testamentsaufstellers automatisch zu Erben, jedoch kann man ausschlagen.
    - (b) Empfangsbedürftige Willensbekundungen (z.B. Mahnungen) muss der Empfänger wahrgenommen haben um darauf reagieren zu können (weil meist Handlungsaufforderungen).
      - Entweder Willenserklärungen unter Anwesenden austauschen (in einem Vertrag, synchrone Absprache z.B. über das Telefon) oder unter Abwesenden (Mail, Briefe, Fax).
        → Problem mit dem Beweisen des Erhalts / Lesens der Nachricht.
  - Probleme bei empfangsbedürftigen Willensbekundungen unter Abwesenden.
    - **Kleineres Problem**: Abgabe der Willenserklärung.
      - Wenn Arbeitgeber eine Kündigung verfasst und unterschrieben hat, aber noch nicht absenden wollte, diese aber abgesendet wird, dann Recht auf Widerruf laut §119, 122, 142 mit entsprechender Vertrauensschadensersatzzahlung.

> Es wird immer nur über Privatrecht gesprochen, sollte Staat (öffentliches Recht) Geld von Bürger verlangen, sollte immer rechtzeitig gezahlt werden, da Staat viele rechtliche Vorteile genießt und Bürger keine Chance auf Einspruch hat.

- **Größeres Problem**: Zugang zu der Information.
  - Vier relevante Zeitpunkte bei Betrachtung von Willenserklärungen.
    - (1) Erklärender verfasst Willensbekundung.
    - (2) Erklärender verschickt Willensbekundung.
    - (3) Empfänger bekommt Willensbekundung.
    - (4) Empfänger liest und versteht Willensbekundung.
  - § 130 BGB: Willenserklärung ist erst dann gültig, wenn sie dem Empfänger zugeht.
    - Keine Definition von „zugehen", Frage ob Willenserklärung bereits bei (3) oder (4) zugegangen ist.
    => Zur Lösung dieses Missverständnisses zwei Regelungen aufgestellt.
- **Möglichkeit der Kenntnisnahme (örtlich).**
  - Befindet sich empfangsbedürftige Willenserklärung im eigenen Machtbereich (Briefkasten, Anrufbeantworter) oder in einem zugänglichen Bereich (Postfach, Mail-Server), so **wird erwartet**, dass Empfänger diese rechtzeitig ließt.
  - Briefkasten ist eigener Machtbereich, da nicht jeder den Schlüssel hat.
    - Ist Briefkasten kaputt und jeder kann öffnen, kein eigener Machtbereich.
    - **Grenzfälle**.
      - Hat Familie auch Schlüssel, eigener Machtbereich.
      - Haben WG-Mitglieder Schlüssel, nicht eigener Machtbereich.
      => Haben nicht-kontrollierbare Dritte Zugang zu Briefkasten, dann kein Herrschaftsbereich.
      → Simultan für gehackter Mailserver, entwendetes Faxgerät etc.
  - **Normales Einschreiben**: Postbote will Brief abgeben, erreicht Anwohner aber nicht, hinterlässt Hinweis im Briefkasten und lagert Brief in Poststelle.
    → Benachrichtigungszettel ist kein Anzeichen für eigenen Herrschaftsbereich.
  - **Einwurfeinschreiben (ab 1997)**: Postbote erreicht Anwohner nicht, wirft Brief in Briefkasten und unterschreibt dies.
    → Postbote als Zeuge der Übergabe des Briefes in eigenen Herrschaftsbereich.
  - **Fax**: Um Fax nicht zu empfangen wurde kein Papier eingelegt.
    → Faxspeicher enthält Fax, Besitzer kann jederzeit ausdrucken lassen, also eigener Herrschaftsbereich.
  - **E-Mails**: Sobald Mail im Server, befindet sich diese im eigenen Herrschaftsbereich.
- **Üblichkeit der Kenntnisnahme (zeitlich).**
  - Befindet sich empfangsbedürftige Willenserklärung in o.g. Örtlichkeiten, **darf man nicht davon ausgehen**, dass sie zu „Unzeiten" (= außerhalb der Geschäftszeit, während der Nachtruhe, vor Leerungszeiten des Briefkastens) vernommen wird.
  - Wenn Unternehmen / Individuum im Urlaub ist, muss trotzdem Erreichbarkeit sichergestellt werden, da keine übliche Zeit existiert, zu welcher alle Unternehmen / Individuen wegen Urlaub nicht erreichbar sind (ein Dritter kann nicht wissen, wann Urlaub genommen).
    - Automatische Antwortmails, welche über Abwesenheit informieren, lösen das Problem.
  - Heutzutage sind Individuen rund um die Uhr erreichbar / arbeiten Unternehmen rund um die Uhr, sodass diese Regelung wohl bald verschwinden wird.
- **Zustellung über den Gerichtsvollzieher (§ 132).**
  - Über Gerichtsvollzieher zugestellte Willenserklärungen gelten immer als empfangen.
  - Damit kann Erklärender sicherstellen, dass Empfänger diese wirklich empfangen hat.
  - Gerichtsvollzieher wird vorher vom Erklärenden entlohnt, Kosten muss Empfänger erstatten.
    - **Problem**: Meist sollen Rechnungen / Mahnungen über verspätete Bezahlungen übermittelt werden, weil Personen illiquide sind, deshalb Kosten für Gerichtsvollzieher nicht unbedingt wiederzubekommen.
    => Kaum Relevanz, weil zu teuer, deshalb andere Gesetze geltend gemacht.
- **Nichtzugang mittels Verstoß gegen Treu und Glauben (§ 242).**

- Wenn Zugang willentlich, absichtlich und vorsätzlich verhindert wird (und das bewiesen werden kann), dann gilt Zugang als erfolgt, auch wenn er das eigentlich nicht ist.
  → Zugangsfiktion; Willenserklärung kann durchgesetzt werden.
- „Treu und Glauben" wie die „guten Sitten" nur Generalklausel, welche es Richtern ermöglicht unter dem Deckmantel des Gesetzes das Gesetz zu brechen.
  - **Fahrlässige Zugangsverhinderung (§ 276).**
- Zugangsverhinderungen wurden nicht ausreichend schnell verhindert (case law, Dauer legen Richter individuell fest).
- Werden Stammkunden – und jene, mit welchen man einen Vertrag erwarten kann – nicht rechtzeitig über neue Kontaktmöglichkeiten (neue Telefonnummer) informiert, dann fahrlässige Zugangsverhinderung.
  → Keine Zugangsfiktion, aber Vertrauensschaden muss geleistet werden (§§ 280 I, 311 II, 241 II).
  - **Drei Beispiele für fahrlässiges Handeln.**
- **Annahmeverweigerung**: Ordnungsgemäße (= ausreichend frankierte) Erklärungen müssen entgegengenommen werden, wenn nicht gewollt, dann strafbar.
- **Abwesenheit**: Erreichbarkeit oder Bestellung eines Vertreters, wenn mit Eingang einer Erklärung zu rechnen ist.
- **Fehlen oder Mängel der Empfangsvorrichtung**: Empfänger müssen Empfangsvorrichtungen bereitstellen, für deren Funktionsfähigkeit sie selbst Sorge zu tragen haben.
  - Namentlich Geschäftsleute, Mieter und Arbeitnehmer, andere im Einzelfall.

- **Ende Willenserklärungen, Anfang Jura.**

- **Stellvertretung.**
  - Autohausbesitzer V hat einen Angestellten A, welcher den Kunden K beim Kauf berät.
  - V ist nachmittags nicht im Haus, K möchte aber das Auto kaufen.
  - V hat drei Möglichkeiten A einzusetzen.
    - (1) V verkauft A das genannte Auto und A verkauft es an K weiter → zwei Kaufverträge.
    - (2) V übermittelt durch A seine Willenserklärung an K, K ebenfalls über A an V
      → Angestellter als Transporthilfe = Bote, gibt keine eigene Willenserklärung ab, überbringt nur welche.
    - (3) V bemächtigt A im Arbeitsvertrag dessen Eigentum an K weiterzuverkaufen.
      → A darf eigene Willenserklärungen im Namen des V abgeben.
      => A wurde zum Stellvertreter des V.
  - Boten können minderjährig (= beschränkt geschäftsfähig sein), Stellvertreter auch (§ 165, auch wenn logisch nicht konsequent).

> **Eigenes Geschäft** = Eigene WE in eigenem Namen.
> **Sonderfall Kommissionsgeschäfte**: Ware werden Verkäufer in Kommission übergeben, Verkäufer verkauft an Kunden, gibt Geld dem ehem. Besitzer.
> **Bote** = Fremde WE in fremden Namen.
> **Stellvertreter** = Eigene WE in fremden Namen.

- **Neue Vorgehensweise bei Betrachtung von Fällen.**
  - (1) Übereinstimmende Willenserklärungen zwischen Stellvertreter und Kunden betrachten.
  - (2) Prüfen, ob S Stellvertreter von V sein darf und ob er so gehandelt hat.
    - Anhand von fünf Kriterien prüfen.
    - (a) Zulässigkeit (-) → Willenserklärung nichtig.
    - (b) Eigene Willenserklärung (-) → Lediglich Botenschaft.
    - (c) im fremden Namen (-) → Eigengeschäft.

- ▪ (d) mit Vertretungsmacht (-) → Vertrag nichtig.
- ▪ (e) im Rahmen der Vertretungsmacht.
  → Bedingungen haben unterschiedliche Konsequenzen, deshalb immer nach diesem Schema vorgehen.

- **(a) Zulässigkeit.**
  - ○ Bei höchstpersönlichen Geschäften dürfen keine Stellvertretungen vorkommen.
    - ▪ Beispiel Eheschließung, Testamentsaufstellung.
    => Willenserklärungen und Verträge sind nichtig.

- **(b) Eigene Willenserklärung.**
  - ○ Wenn fremde Willenserklärung, dann lediglich Bote.

- **(c) im fremden Namen.**
  - ○ Wenn im eigenen Namen, Dritten nicht ersichtlich ist, dass im fremden Namen, dann Eigengeschäft zwischen Stellvertreter und Dritten.
    - ▪ Wenn Vertrag geschlossen und nicht fähig zu liefern, dann Vertrauensschaden erstatten.
    → Schutz des Dritten, Sicht des objektiven Empfängerhorizonts.
    => Offenkundigkeitsprinzip.
  - ○ Praxisrelevante Ausnahmen des Offenkundigkeitsprinzips.
    - ▪ **(I) offene Geschäfte.**
      - • Kommt selten vor, Stellvertreter macht seine Position kenntlich, lässt Identität des Vertretenen aber anonym (z.B. bei einer Versteigerung).
      - • Dritter hat die Möglichkeit diese Vorgehensweise zu unterbinden und nicht zu akzeptieren, wenn aber doch angenommen, dann verzichtet er auf sein dispositives Recht geschützt zu werden → Möglichkeit der Anfechtung wegen Täuschung, wenn Stellvertreter hintergeht.
    - ▪ **(II) verdeckte Geschäfte.**
      - • Obwohl Stellvertretungsverhältnis nicht offenkundig gemacht wird, wird es trotzdem anerkannt.
      - • *(i) Bargeschäfte des täglichen Lebens.*
      - ○ Bedingung: Barzahlung, nicht teurer als 50 € (Richtwert, keine Grenze).
      - ○ Dritter ist nicht schutzbedürftig, da er Gegenleistung (Geld in bar) erhält.
      - ○ Gilt nicht für teure Geschäfte, da Garantieleistungen dem Verkäufer dazu drängen doch zu schauen, mit wem er eigentlich Geschäfte macht.
      - • *(ii) Abschluss eines Vertrages zwischen Unternehmen.*
      - ○ Unternehmen wollen sich von schlechten Verträgen befreien und argumentieren, dass fehlerhafter Briefkopf Grund für Vertragsauflösung sei.
        → Vertrag bleibt bestehen, wenn beide Firmen einander kannten.

- **(d) mit Vertretungsmacht.**
  - ○ (i) **gesetzliche** Vertretungsmacht (vorgeschrieben): von Minderjährigen oder juristischen Personen.
  - ○ (ii) **rechtsgeschäftliche** Vertretungsmacht (erlaubt) nach § 167 BGB.
    - ▪ § 167 BGB erlaubt Außenvollmacht (zwischen Vertretenen und Dritten) oder Innenvollmacht (zwischen Stellvertreter und Vertretenen).
    - ▪ Ausstellen einer Vollmacht ist eine Erlaubnis etwas in fremden Namen zu tun.
      → Kann vom Stellvertreter verweigert oder widerrufen werden.
    - ▪ Akzeptieren einer Vollmacht verpflichtet zu Ausführung einer Handlung (§§ 611, 662).
    - ▪ **Erlöschen einer Vollmacht.**
      - • § 168, 1: Grund für Ausstellen der Vollmacht wurde erfüllt.

- § 168, 2: Ausdrücklicher Widerruf.
  - Problem entsteht, wenn Vertretener einem Dritten über Stellvertretung informiert hat, später aber Stellvertreter seiner Rechte entlassen wird.
    - § 170: Außenvollmacht bleibt solange bestehen, bis Vertretener dem Dritten, welchen er vorher informiert hatte, über Ende der Stellvertretung informiert.
    - § 171: § 170 gilt auch, wenn Dritter nachträglich (= als Stellvertreter Vollmacht angenommen hat) von Stellvertretung erfahren hat.
    - § 172: Vollmachtsurkunde erlaubt Stellvertreter gegenüber allen Dritten im Namen des Vertretenen handeln zu dürfen, solange er die Urkunde besitzt.
    - § 173: Drei obrige Paragraphen gelten nicht, wenn Dritter von Erlöschen der Stellvertretung weiß oder wissen müsste.
  - **Rechtsscheinvollmachen**: Obwohl formal keine Vollmacht zwischen Stellvertreter und Vertretenem besteht, gilt Vollmacht gegenüber Dritten.
    - Drei gesetzliche Grundlagen und zwei Regelungen der Rechtsprechung (case law).
    - **(1) Vertrauenstatbestand nach § 170**: Objektiver Empfängerhorizont schützt Dritten, welcher noch an Bestehen der Vollmacht glaubt.
    - **(2) Zurechnungstatbestand nach § 171**: Nach Ausstellung der Vollmacht wird Dritter vom Vertretenen darüber informiert, Vollmacht gilt solange, bis Vertretener den Dritten über Auflösung der Vollmacht informiert.
    - **(3) Vollmachtsurkunde nach § 172.**
    - (a) **Duldungsvollmacht**: Weiß der Vertretene von einer Person, welche sich ungerechtfertigter Weise als dessen Stellvertreter ausgibt und unterbindet dies nicht, wird dies als konkludierte Duldung angesehen und Stellvertretung existiert.
    - (b) **Anscheinsvollmacht**: Wegen grober Fahrlässigkeit wurden zugängliche Informationen nicht genutzt um Stellvertretung zu unterbinden, deshalb existiert Vollmacht.

- **Fallbeispiel Offenkundigkeitsprinzip.**
  - Tankstelleninhaber T möchte von Frau L die Herausgabe der Bezahlung einer Tankfüllung auf Grundlage von § 433 II sowie § 164 I verlangen.
  - Voraussetzung dafür wäre, dass (i) ein Kaufvertrag zwischen T und A zustande gekommen wäre und (ii) A als Stellvertreter der L gehandelt habe.
  - **Kaufvertrag:**
    - **Angebot**: Tanksäule als offerta ad incerta persones (Verkäufer verzichtet auf sein Recht Kunden kennenzulernen, da Alternative ein Kaufvertrag an Kasse wäre, was bedeutet, dass Leistung ohne Kaufvertrag entrichtet wird, also kein Anspruch auf Gegenleistung).
      - Tanksäule enthält alle essentialia negotii (Preis, Leistung, Informationen über beide Vertragsparteien).
    - **Annahme**: Konkludente Willenserklärung ausgesprochen durch Handlung, Zugang an T durch Überwachungskameraaufnahmen.
      => Kaufvertrag zwischen T und A liegt vor.
  - **Stellvertretungsverhältnis zwischen L und A.**
    - (a) Zulässigkeit: erfüllt, da kein höchst-persönliches Geschäft.
    - (b) Eigene Willenserklärung: erfüllt, da objektiver Empfänger Handlung als Ausdruck eigenen Willens deuten würde.
    - (c) Im fremden Namen: nicht erfüllt, da objektiver Empfänger unmöglich wissen kann, dass A im Auftrag der L handelt.
      => Es liegt ein Eigengeschäft vor.

- **Fallbeispiel Rechtsscheinvollmacht.**
  - Möbelhändler M möchte von Unternehmer U die Zahlung der Möbelbestellung auf Grundlage

von § 433 II sowie § 164 I herausfordern.
- ○ Voraussetzung dafür ist (i) das Zustandekommen eines Kaufvertrages sowie (ii) das Vorliegen eines Stellvertreterverhältnisses zwischen U und V.
- ○ **Kaufvertrag**: Zustande gekommen.
- ○ **Stellvertreterverhältnis.**
  - ▪ Zulässig, eigene Willenserklärung im fremden Namen, aber keine Vertretungsmacht.
  - ▪ Anscheinsvollmacht liegt vor, da U seiner Pflicht der ordentlichen Buchführung nicht nachgekommen ist, Rechnungen nicht bemerkt und Bestellung(en) nicht gestoppt hat.
    => Stellvertretungsverhältnis ist wirksam.

- **Vertreter handelt nicht im Rahmen der Vertretungsvollmacht.**
  - ○ Vertreter als falsus procurator, Vertreter ohne Vertretungsmacht.
  - ○ § 177 Vertretener muss Willenserklärung des Vertreters, welche nicht in Vertretungsrahmen liegt, nachträglich bestätigen, damit diese gültig wird, ansonsten verwerfen.
    → Bis zu diesem Zeitpunkt schwebend unwirksame Willenserklärung.
  - ○ Dritter kennt den Vertretungsrahmen des Stellvertreters nicht, muss darauf vertrauen, dass dieser darin agiert.
    - ▪ Wenn außerhalb begeben, dann ist Vertrag nichtig → Kein Schutz des Dritten.
  - ○ Ist das Geschäft gescheitert, weil Vertretener nicht genehmigt hat, dann muss Stellvertreter gemäß § 179 I Leistung erfüllen oder Vertrauensschaden erstatten.

- **Ausnahmen im Handelsrecht.**
  - ○ Dritte dürfen davon ausgehen, dass Stellvertreter die Vollmacht hat etwas zu tun.
  - ○ **(1) Bei Prokuristen.**
    - ▪ Rechte eines Prokuristen sind gesetzlich festgelegt, Vertretener kann diese nicht einschränken, sodass Dritte davon ausgehen dürfen, dass dieser Prokurist alles darf, was jeder Prokurist darf.
    - ▪ Prokura ist höchste Vollmachtsbeziehung, Prokurist als „alter Ego" des Prinzipals, als de facto Geschäftsführer.
    - ▪ § 48 HGB: Prokura kann nur durch Geschäftsinhaber ausgeteilt werden.
    - ▪ § 49 HGB: Prokurist darf alle Aufgaben übernehmen, welche für den Betrieb des Handelsgewerbes notwendig sind.
      - • Satz 2: Außer zu Verkauf / Belastung von Grundstücken.
    - ▪ § 50 HGB: Rechte des Prokuristen dürfen gegenüber Dritten nicht eingeschränkt werden.
    - ▪ § 53 HGB: Erteilung (Satz 1) und Erlöschen (Satz 2) der Prokura ist ins Handelsregister einzutragen.
      - • Wenn Prokura erloschen ist, aber noch nicht aus Handelsregister gestrichen wurde, gilt die Prokura gegenüber Dritten weiterhin (§ 15 Abs. 1 HGB).
  - ○ **(2) Handlungsbevollmächtigte.**
    - ▪ § 54 HGB Satz 1: Handlungsbevollmächtigte (z.B. Filialleiter) dürfen allen Geschäften des Handelsgewerbes nachgehen.
      - • Satz 2: Ausnahmen; Satz 3: Wenn Einschränkungen im Vertretungsrahmen, dann muss dies Dritten kenntlich gemacht werden.
    - ▪ Frage nach Zuständigkeitsbereich wird von Richtern mit Verkehrssitte gelöst.
      - • Alles was ein durchschnittlicher Filialleiter macht, darf dieser auch machen.
      - • Wenn Einschränkungen in dem Handlungsspielraum, dann muss Unternehmen Filialleiter darüber informieren.
  - ○ **(3) Außenvertreter.**
    - ▪ Rechte: §§ 54, 55 IV.
    - ▪ Einschränkungen § 55 II, III.
    - ▪ Analog zum Handlungsbevollmächtigten.

- ◦ **(4) Angestellte im Warenlager.**
  - § 56 HGB: Angestellte im Warenlager oder Laden dürfen verkaufen und in Empfang nehmen, was zum Handelsgewerbe gehört.
  - Jeder Angestellte darf auch Kassieren, wenn als solcher ausgewiesen.
  - Wenn Einschränkungen seiner Rechte, dann muss Dritter darüber informiert werden.

- **Nächster großer Themenblock.**

- **Haftung für Dritte.**
  - ◦ Zwei Ansprüche für das Verlangen von Schadensersatz.
    - (1) Vertrag: Wurde ein Schuldverhältnis nicht wie vereinbart erfüllt, darf vom Schuldner Schadensersatz fordern (§ 280 I).
    - (2) Deliktsrecht: Wird ein Schaden geleistet muss der Verursacher dem Geschädigten Schadensersatz leisten (§ 823 I).

- **Auf Grundlage eines Vertrags (gemäß § 280).**
  - ◦ Vier Voraussetzungen für das Tragen dieser Anspruchsgrundlage.
    - (1) Schuldverhältnis muss bestehen: Jeder Vertrag ist ein Schuldverhältnis.
    - (2) Pflichten müssen verletzt worden sein (z.B. aus § 631).
    - (3) Verletzung muss (vorsätzlich oder fahrlässig) zu vertreten sein.
    - (4) Ein Schaden muss entstanden sein (§§ 249, 252).
  - ◦ Zivilrecht unterscheidet nicht zwischen Fahrlässigkeit und Vorsatz (anders als im Strafrecht).
  - ◦ Zur Überprüfung von Punkt 3 wird § 278 hinzugezogen, gilt nur für § 280.
    - § 278: Schuldner hat Verschulden von gesetzlichen Vertretern oder Erfüllungsgehilfen wie eigenes Verschulden zu vertreten.
    - **Erfüllungsgehilfen**: Alle Personen, welche der Schuldner zur Erfüllung seiner Pflicht hinzuzieht.
    - 1. Voraussetzung: Schuldner muss wissen und wollen, dass eine Person für ihn arbeitet.
    - 2. Voraussetzung: Person muss die Aufgabe erfüllen, welcher der Schuldner erledigen sollte.
    - Wenn der Erfüllungsgehilfe (meist Arbeitnehmer, Angestellte) im Rahmen seiner Aufgaben einen fahrlässigen Fehler macht, haftet der Arbeitgeber.
    - Arbeitgeber kann Handlung als Verstoß gegen Arbeitsvertrag werten und Kündigung verlangen, Arbeitsrecht schützt Arbeitnehmer aber bei kleinen Schäden.
    => Haftungsrisiko im Vergleich zum Gehalt viel zu hoch.
    => Idee hinter § 278: Großunternehmen den Vorteil der Arbeitsteilung entziehen.

> **Exkursion § 278.**
> Eltern haften nicht für die Taten ihrer Kinder. Eltern haften nur für eigenes Verschulden, wenn Sorgfaltspflichten nicht nachgekommen und Kind nicht ausreichend überwacht.
> => Haftung nur für Situationen, welche man hätte kontrollieren können.

- **Auf Grundlage des Deliktsrechts (gemäß § 831 I).**
  - ◦ § 831 I: Haftung für einen Verrichtungsgehilfen (= weisungsgebunden), wenn nicht ordnungsgemäß kontrolliert.
    - **Verrichtungsgehilfe** = Person, welche ich (z.B. durch Vertrag) kontrollieren kann.
    - **Erfüllungsgehilfe** = Person, welche mir bei Schulderfüllung behilflich ist.
  - ◦ Wenn Angestellter bekannter Betrüger ist, dann haftet Arbeitgeber, wenn solcher an die Kasse gelassen wird und betrügt.
    - Wenn „normaler" Angestellter aber Geld aus der Kasse entwendet, haftet Arbeitgeber nicht, denn er konnte nicht wissen, dass Angestellter eine kriminelle Ader besitzt (Exculpation).
    => Im Vertragsrecht immer für Dritte haften.
    => Im Deliktsrecht nie für Dritte haften.

- **Nächster neuer Themenblock: Verbraucherschutz.**

- **Allgemeines.**
  - Verbraucherschutz ist eine EU-Richtlinie und soll den Verbraucher vor dem Unternehmer beschützen.
    - Verbraucher ist nach §13 jede natürliche Person, welche bei Handlung keiner gewerblichen oder selbstständigen Tätigkeit nachgeht.
    - Unternehmer nach § 14 ist das Gegenteil des Verbrauchers.
      - Unterscheidung Gewerbetreibender und Selbstständiger ist historisch begründet, Gewerbetreibende waren früher in Gilden organisiert, Selbstständige = Freiberufler, arbeiteten ohne Gilde.
      => Schutz des Verbrauchers nicht wegen Schutzbedürftigkeit, sondern Schutz des nicht-Beruflichen vor dem Beruflichen.
      → Deshalb Definitionen sehr umstritten in Jura.
  - Alle folgenden Verordnungen zum Verbraucherschutz gelten nicht, wenn lediglich zwischen Verbrauchern **oder** lediglich zwischen Unternehmern paktiert wird.

- **Verbraucherschutz durch jus cogenz.**
  - § 475 Abs. 1 Satz 1: Unternehmer haftet immer zwei Jahre lang auf Mängel (Mängelgewährleistung), kann dies gegenüber Verbrauchern nicht vertraglich verringern.
  => Gilt wie gesagt nur für Verträge zwischen Unternehmern und Verbrauchern.

- **Schutzziel des deutschen Staates.**
  - (1) Vermeidung von Überrumpelungseffekten → Widerrufsrecht.
  - (2) Vermeidung von Informationsasymmetrie → Offenlegung wichtiger Informationen.

- **Schutz vor Überrumpelungseffekten durch Widerrufsrecht.**
  - **(a) Schutz vor Geschäften außerhalb von Geschäftsräumen.**
    - Geschäfte außerhalb von Geschäftsräumen in § 312b Abs. 1 definiert.
      - **Bsp. Haustürgeschäfte:** Kunde wird bedrängt etwas zu kaufen und gibt diesem Druck schnell nach.
      => Schutz des Verbrauchers, indem ihm durch Widerrufsrecht Zeit gegeben wird sich den Vertrag noch einmal durchzulesen und rationalere Entscheidung zu treffen.
      → Gilt nicht für Barkäufe jeglicher Art.
  - **(b) Schutz vor Fernabsatzverträgen.**
    - Fernabsatzverträge sind Verträge, welche geschlossen wurden ohne dass sich Vertragsparteien physisch begegnen (§ 312bc) → Alles, was über das Internet abgewickelt wird.
    - Verbraucher ist schutzbedürftig, da er etwas auf Vorkasse lediglich aufgrund eines Bildes bestellt hat.
      - Verbraucher darf nach Erhalt alles mit der Ware machen, was man auch in Geschäften dürfte (anschauen, anfassen, anprobieren; aber nicht benutzen!).
  - **Rechtsfolge des Widerrufs.**
    - Rechtsfolgen sind in §§ 355 bis 357 zu finden.
    - In § 312g Abs. 1 wird definiert, dass außerhalb von Geschäftsräumen geschlossenen und Fernabsatzverträgen ein Widerrufsrecht nach § 355 gilt.
      - § 355 Abs. 1: Widerruf muss dem Unternehmer zugehen, eindeutig sein, keine Begründung enthalten und rechtzeitig abgeschickt (nicht angekommen) sein.
      - § 355 Abs. 2: 14 Tage dauert es im Normalfall.
    - Widerrufsfrist beginnt nicht, wenn Unternehmer den Verbraucher nicht ordnungsgemäß über

Widerrufsrecht informiert hat (§ 356 Abs. 3) (verfällt spätestens nach einem Jahr und 2 Wochen).
  • Ordnungsgemäße Widerrufsbelehrung findet sich in Art. 246a § 1 Abs. 2 Satz 1 Nr. 1 EGBGB.
    => Im exam könnte Frage erscheinen: Ist diese Widerrufsbelehrung ordnungsgemäß?

- **Verbraucherschutz durch Informationspflichten für die Unternehmer.**
  ○ Es gibt keine genaue Anspruchsgrundlage für Verletzung von Informationspflichten, aber dennoch gesetzlich verankert.
  ○ Anspruchsgrundlage ist in solchen Fällen immer § 280.
  ▪ Schuldverhältnis muss vorliegen: Culpa in Contrahendo, Kaufvertrag o.ä..
  ▪ Pflichtverletzung muss aufgetreten sein.
    • Pflicht bestand in der ordnungsgemäßen Information des Kunden; wenn nicht oder falsch unternommen, dann entsteht Pflichtverletzung, welche meist durch Fahrlässigkeit (§ 276) auch zu vertreten ist (seltener aus Vorsatz).
    • Entsprechend kann Vertrag ex nunc für unwirksam erklärt werden und sogar Schadensersatz gefordert werden.
  ○ Informationspflichten finden sich in vielen Gesetzen des BGB.
  ▪ § 312d Absatz 1: Bei Fernabsatzverträgen oder Verträgen, welche außerhalb von Geschäftsräumen geschlossen wurden, muss Gläubiger dem Schuldner ordnungsgemäß über Widerrufsrecht informieren (nach Art. 246a EGBGB).

- **Lieferung unbestellter Waren.**
  ○ Geschäftsmodell einiger Firmen war es, Warenproben an potentielle Kunden zu versenden mit beiliegender Bitte bei Gefallen den „Kennenlernpreis" zu überweisen.
  ○ Da diese Waren nicht bestellt wurden, haben Empfänger die Ware meist nicht zurückgesandt (Porto müsste der Empfänger zahlen).
  ○ Lieferfirma konnte auf Bezahlung klagen, da nicht-Zurücksenden der Waren als konkludente Annahme gedeutet wurde (nach § 151 müsste keine Annahme gemacht werden).
    → Penible, willkürliche Beweisführung (Nutzung = konkludente Annahme, verstauen im Keller = keine Annahme, Auspacken und in Regal einräumen = ?).
  ○ Deshalb hat deutscher Gesetzgeber § 241a erlassen.
  ▪ § 241a Abs. 1: Wenn Ware nicht bestellt wurde, dann kommt kein Vertrag zustande.
  ▪ § 241a Abs. 2: Gesetzliche Ansprüche auf Ware (u.a. nach § 985) sind ausgeschlossen, außer es handelt sich um Lieferirrtum des Lieferanten.
    => Da § 985 nun nicht gilt, kommt Lieferung einer Schenkung gleich.
  ○ Radikale Marktsteuerung durch den Gesetzgeber; über Nacht führt ein ganzes Geschäftsmodell plötzlich zur Selbstenteignung.

- **Allgemeine Geschäftsbedingungen.**
  ○ Massenphänomen, vorausschauende Planung eines Geschäftsverhältnisses.
  ○ AGB gilt nur für dispositives Recht, ist keine Individualvereinbarung.
  ○ Problem nicht dass niemand AGB liest, sondern dass es irrational wäre jene zu lesen.
  ▪ Bei Unternehmens- oder Grundstückskauf gibt es keine AGB, da kein häufiges Geschäft, dafür viel Planung und Vorsicht.
  ○ Kontrolle auf übermäßige Benachteiligung, kein Verbraucherschutz da verbotene Klauseln als Individualabrede in Ordnung wären.
  ○ Gilt zwischen Unternehmer und Unternehmer, Verbraucher und Verbraucher sowie Unternehmer und Verbraucher, bei letzterem besondere Schutzpflichten.
  ○ Maximales Ausreizen des dispositiven Rechts zwar erlaubt, aber nicht in AGB, da sie niemand

liest und sich Markt somit nicht selbst regulieren kann.

- **Rechtliche Vorschriften.**
  - § 305 Abs. 1 Satz 1: AGB sind für eine Vielzahl (≥ 3) von Verträgen vorformulierte Vertragsbedingungen, welche der AGB-Verwender einem anderen stellt.
  - AGB werden nur Vertragsbestandteil wenn Verwender auf AGB hingewiesen hat (§ 305 Abs. 2 Nr. 1) und andere Partei davon Kenntnisnehmen kann sowie zustimmt (§ 305 Abs. 2 Nr. 2).
    - Auf AGB kann im Vertrag auch hingewiesen werden, muss nicht auf Vertrag stehen.
  - Individualrede hat immer Vorrang vor AGB (§ 305b).
  - AGB wird auch in den Vertrag aufgenommen, wenn ein Unternehmer vorformulierte Klausel lediglich einmal für und gegen Verbraucher verwendet (§ 310 Abs. 3 Nr. 2).
  - AGB muss leicht verständlich sein (§ 307 Abs. 1 Satz 2).
  - Überraschende Klauseln sind unwirksam (§ 305c Abs. 1).
  - Auslegungszweifel gehen immer zu Lasten des Verwenders (§ 305c Abs. 2).
  - **Inhaltskontrolle nach den §§ 307, 308 und 309.**
    - § 307 Abs. 1 Satz 1: Wenn AGB gegen Treu und Glauben unangemessen benachteiligt, dann unwirksam.
      - Immens unsicherer Paragraph, sehr starkes Beweisproblem und case law des Richters.
    - § 308: Klauselverbote, bei denen der Richter Spielraum hat (wegen Formulierungen „ausreichend“, „nicht hinreichend“ etc.).
    - § 309: Klauselverbote, bei denen der Richter keinen Spielraum hat.
    - Bei Inhaltskontrolle zuerst in § 309 suchen, dann in § 308 und wenn nichts gefunden, dann muss auf § 307 berufen werden, was aber sehr unsicher für Erfolg vor Gericht ist.

- **Drei Problemfelder bei AGBs.**
  - **(1) Einbeziehung**: Gilt die AGB in diesem Vertrag?
    - § 305 Abs. 2 Nr. 1 **und** Nr. 2 müssen erfüllt sein, wenn nicht Vertragsbestandteil geworden, dann nicht rechtswirksam für und gegen andere Partei (§ 306 Abs. 1).
    - Aushang bei Banken oder Parkhäusern üblicher als alles irgendwo abzudrucken.
  - **(2) Kollidierende AGB.**
    - Alte Lösung „**Theorie des letzten Wortes**“: Wenn ein Unternehmer mit seinen AGB ein Angebot macht und der andere Unternehmer mit seinen gegensätzlichen AGB so hat zweiter nicht angenommen, sondern ach § 150 Abs. 2 ein neues Angebot gemacht.
      → Erst derjenige, welcher das Angebot angenommen hat, hat sich entsprechend den anderen AGB gebeugt und eigene nicht in Vertrag eingebracht.
    - Neue Lösung „**offener Dissens**“: Wenn sich AGB der Unternehmer widersprechen sind entsprechende Klauseln nach § 306 Abs. 1 nicht in Vertrag aufgenommen worden.
      → Unternehmer lesen AGB des jeweils anderen und treffen Individualvereinbarungen.
  - **(3) Verbot der geltungserhaltenden Reduktion.**
    - Rechtsprechung hat geltungserhaltende Reduktion verboten, da Richter quasi benutzt wird um ideale AGB auszuformulieren.
    - Grenzen der Privatautonomie würden immer weiter ausgereizt werden.
  - **Besonderheit.**
    - Inter-partes Wirkung der Rechtsprechung: Eigentlich sind Verträge nur zwischen beiden Vertragsparteien wirksam; deshalb z.B. Sammelklagen und Stellvertretung vor Gericht in Deutschland verboten.
      → Wenn eine Person AGB Klausel vor Gericht als ungültig einklagt, dann gilt dies nicht für andere, diese müssten selber klagen gehen.
    - *§ 1 Unterlassungsklagengesetz*: Inter-partes Wirkung wird zugunsten des AGB Schutzes aufgehoben.

- **Vorgehensweise bei einer AGB-Kontrolle.**
  - (a) Persönlicher und sachlicher Anwendungsbereich: §310
  - (b) Vorliegen einer AGB.
    - (1) Gemäß der Definition: § 305 Abs. 1 (beachte § 310 Abs. 3 Nr. 2)
    - (2) Keine Individualabrede nach § 305b
    - (3) Wirksam einbezogen § 305 Abs. 2 (gilt nicht ggü. Unternehmer § 310 Abs. 1 Satz 1).
  - (c) Transparenzkontrolle.
    - (1) Überraschendes (§ 305c Abs. 1).
    - (2) Auslegungszweifel (§ 305c Abs. 2).
    - (3) Unverständliches (§ 307 Abs. 1 Satz 2).
  - (d) Inhaltskontrolle.
    - (1) Ohne Wertungsmöglichkeit (§ 309) (gilt nicht ggü. Unternehmer § 310 Abs. 1 Satz 1).
    - (2) Mit Wertungsmöglichkeit (§ 308) (gilt nicht ggü. Unternehmer § 310 Abs. 1 Satz 1).
    - (3) Unangemessene Benachteiligung (§ 307) (Besonderheiten ggü. Unternehmer § 310 Abs. 1 Satz 1).
  - (e) Rechtsfolgen bei Verstoß.
    - Einzelklausel unwirksam, keine geltungserhaltene Reduktion möglich.
    - Restvertrag bleibt wirksam (§ 306 Abs. 1; Ausnahme § 139).
    - Dispositives Recht tritt an Lücke (§ 306 Abs. 2).
    - Vertragsunwirksamkeit nach § 306 Abs. 3.

- **Leistungsstörungen.**
  - Ab sofort Betrachtung von Schuldverhältnissen, nicht mehr nur noch von bestimmten Verträgen.
  - Drei Möglichkeiten der Leistungsstörung: Unmöglichkeit (nicht im exam), Verzug oder Schlechtleistung.
  - Vertragspflichten sind bei Bezahlung nicht erloschen, erlöschen erst nach langer Zeit.
  - *Culpa post contractum finitum*: Obwohl alle vertraglichen Pflichten abgelaufen sind, hat Vertragsnehmer dennoch einige Rechte (z.B. Schild „Wir sind umgezogen" aufhängen).
  - **Primäransprüche** sind Ansprüche, welche direkt aus dem Schuldverhältnis hervorgehen.
  - **Sekundäransprüche** treten erst auf, wenn Primärleistung nicht (ordnungsgemäß) erfüllt wurde.
  - Ansprüche werden immer § 280 und § 241 sein.
    - § 241 Abs. 1: Leistungsansprüche müssen vom Schuldner erfüllt werden (Pflicht etwas zu tun, **Leistungspflichten**).
    - § 241 Abs. 2: Schutzpflichten des Schuldners, darf dem Gläubiger Sache nicht unsicher übereignen (Pflicht etwas zu lassen, **Unterlassungspflichten**).
  - **Hauptleistungsansprüche**: Ware oder Leistung (bei Nichterfüllung zum Rücktritt ermächtigt).
  - **Nebenleistungsansprüche**: Einzelteile oder Zusatzmaterial (Fernbedienung) (bei Nichterfüllung Recht auf Nachlieferung).

- **Drei Arten von Schadensersatz.**
  - **(1) Schadensersatz neben der Leistung.**
    - Vertrag bleibt bestehen und muss erfüllt werden, aber zusätzlich wird Schaden geleistet.
    - Anspruchsgrundlage ist § 280 Abs. 1.
  - **(2) Schadensersatz statt der Leistung.**
    - Vertrag wird aufgelöst, Schadensersatz muss geleistet werden.
    - Anspruchsgrundlage: § 280 Abs. 1 und 3 i.V.m. (§§ 281, 282 oder 283).

- ◦ **(3) Schadensersatz statt der ganzen Leistung.**
  - ▪ Wurde bereits Teilleistung erbracht, dann wird Vertrag rückwirkend aufgelöst, Gläubiger händigt Schuldner Teilleistung wieder aus (oder ersetzt) und erhält Schadensersatz.
  - ▪ Anspruchsgrundlage: § 280 Abs. 1 und 3 i.V.m. § 281 Abs. 1 Satz 2 und Abs. 5.
  - ▪ Tatbestandsmerkmale sind: Schuldverhältnis, Pflichtverletzung, Vertreten müssen, Schaden, Nachfrist, kein Interesse an Teilleistung.

- **Diverse Anspruchsgrundlagen.**
  - ◦ Anspruchsgrundlage Unmöglichkeit: § 280 Abs. 1 und 3 i.V.m. § 283 Schadensersatz statt der Leistung.
    - ▪ § 283 benötigt die erfüllten Tatbestandsmerkmale des § 275 Absätze 1 bis 3.
  - ◦ Anspruchsgrundlage Schlechtleistung: § 280 Abs. 1 und 3 i.V.m. § 281 Variante 2 Schadensersatz statt der Leistung.
    - ▪ Tatbestandsmerkmale dieser Anspruchsgrundlage: Schuldverhältnis muss vorliegen, Pflichtverletzung muss aufgetreten und zu verschulden sein, Schaden ist entstanden und Nachfrist ist erfolglos ausgelaufen.

- **Vorschriften über den Verzug.**
  - ◦ § 280 Absätze 1 und 2 i.V.m. § 286 Schadensersatz neben der Leistung.
    - ▪ Tatbestandsmerkmale des § 280 müssen erfüllt worden sein und Mahnung nach § 286 Abs. 1 Satz 1 ausgesprochen worden sein.
    - ▪ Ausnahmen zur Mahnung § 286 Abs. 2 und 5.
    - ▪ § 286 Abs. 2 Nr. 1: Mahnung muss nicht ausgesprochen werden, wenn Leistung an einem bestimmten Kalenderdatum erbracht werden sollte.
      → Fast immer der Fall, deshalb Mahnung nicht praxisrelevant.
  - ◦ § 280 Absätze 1 und 3 i.V.m. § 281 Abs. 1 Variante 1 Schadensersatz statt der Leistung.
    - ▪ Tatbestandsmerkmale des § 280 müssen erfüllt worden sein und Nachfrist nach § 281 Abs. 1 Variante 1 erfolglos verstrichen sein.

- **Unterschied Mahnung und Nachfrist.**
  - ◦ **Mahnung**: Hinweis auf Verzug, Erinnerung, Information des Schuldners.
  - ◦ **Nachfrist**: Zweite Chance für den Schuldner, beinhaltet immer eine Mahnung, strenger als Mahnung, da Androhung von rechtlichen Konsequenzen.

- **Schadensersatz statt der gesamten Leistung.**
  - ◦ § 280 Absätze 1 und 3 i.V.m. § 281 Abs. 1 Satz 2 und Abs. 5.
  - ◦ Tatbestandsmerkmale des § 280 sowie Nachfrist und kein Interesse an Teilleistung und Rückgabe der Teilleistung.

- **Rücktritt vom Vertrag.**
  - ◦ § 323 Abs. 1 Variante 1.
  - ◦ Tatbestandsmerkmale sind synallagmatischer Vertrag, Pflichtverletzung und Nachfrist.
  - ◦ Schuldner muss Verzug oder Schlechtleistung nicht vertreten müssen.

- **Sonstiges.**
  - ◦ Bei § 281 wird nicht geprüft ob nach § 286 Verzug vorliegt, lediglich auf Nachfrist geachtet.
  - ◦ Für Zeitraum nach Liefertermin und vor Ablauf der Nachfrist kann nach §§ 280 I, II, 286 nach Schadensersatz geklagt werden.
  - ◦ Für Zeitraum nach erfolgloser Nachfrist besteht kein Leistungsanspruch mehr, deshalb nach §§ 280 I, III, 281 I geklagt.

- Anspruchsgrundlage Schadensersatz statt der ganzen Leistung: §§ 280 I, III, 286, I, 2, 281 I, 2, 3, V.
- Im Falle eines Verzugs haben wir zwei Ansprüche: Rücktritt und Schadensersatz (neben oder statt der Leistung).

- **Schlechtleistung.**
  - Leistungsstörungen sind für alle Vertragstypen in allgemeinen Paragraphen geregelt, nur bei Schlechtleistung nicht; für jeden Vertragstyp gelten andere Voraussetzungen.
  - Wichtigste drei Schuldverhältnisse: Mietvertrag, Werkvertrag, Kaufvertrag.

- **Ansprüche bei Schlechtleistung im Kaufrecht.**
  - § 437 enthält alle Ansprüche mit dazugehörigen Paragraphen, Tatbestandsmerkmale sind lediglich (i) vorliegen eines Kaufvertrages und (ii) eines Sachmangels.
  - **Frage nach Sachmängeln.**
    - Objektiver Mangelbegriff: Alles was vom Durchschnitt abweicht, ist mangelhaft.
    - Subjektiver Mangelbegriff: Alles was vom vereinbarten Verwendungszweck abweicht, ist mangelhaft.
    => Regierung hat sich für beides entschieden.
  - § 434 Satz 1: *Subjektiver Mangelbegriff*: Vereinbarte Beschaffenheit muss dem Vertrag entnommen werden.
  - § 434 Satz 2 Nr. 2: *Objektiver Mangelbegriff*, wenn im Vertrag nichts genaueres über Beschaffenheit zu lesen ist: Sache muss sich für gewöhnliche Verwendung eignen.
  - „IKEA-Klausel" § 434 Abs. 2 Satz 2: Montageanleitung muss fehlerfrei und verständlich sein, andernfalls liegt ein Sachmangel vor.
    - Aus Nebenleistungsanspruch wurde ein Hauptleistungsanspruch gemacht.
    - Wenn allerdings Sache fehlerfrei montiert wurde, dann liegt Käufer kein Schaden vor und dann greift § 434 Abs. 2 Satz 2 nicht.
    - Wenn sich Dritter aber eines Experten bedient und eine Rechnung erhält, ist Schaden entstanden und Sinn des Gesetzes irgendwie fragwürdig.
    => Sehr kontrovers diskutiert ob Dritter in solchem Fall ein Anrecht auf Schadensersatz hat.
  - Frage nach **Lieferung eines anderen Gegenstandes** als verhandelt.
    - Wenn anstelle eines Kleidungsstück ein Lebensmittel geliefert wird, liegt ein Aliud vor.
      → Etwas anderes als vereinbart wurde verschickt, also Verzug (und evtl. § 305a).
    - Wenn anstelle des blauen Kleidungsstückes ein grünes geschickt wurde, liegt eine Schlechtleistung vor → Anspruch auf Nacherfüllung nach § 437.
    - Frage nach der Grenze von Aliud und Schlechtleistung wird in § 434 Abs. 3 geklärt.
      => Aliud wird zum Rechtsmangel gemacht (gilt bevor man Verzug oder Teilleistung betrachtet).
  - **Recht auf Nacherfüllung** nach § 439 Abs. 1 bei Schlechtleistung.
    - Nach § 439 kann der Käufer vom Verkäufer nach eigener Wahl Nacherfüllung oder Reparatur verlangen.
    - Nach § 438 Abs. 1 Nr. 3 verjährt dieser Anspruch nach 2 Jahren.

- **Unterschied Garantie und Mängelgewährleistung.**
  - *Garantie* entspringt dem Vertrag zwischen Käufer und Verkäufer und wird vom Verkäufer freiwillig angeboten; Käufer muss dann nicht nachweisen, dass Mangel bereits bei Gefahrenübergang vorgelegen hat, sondern muss lediglich beweisen, dass kein Vorsatz oder grobe Fahrlässigkeit vorliegen.
    => § 443 regelt dies gesetzlich, entspringt aber aus dem Vertrag.
  - *Sachmängelgewährleistung* ermöglicht es dem Kunden beim Verkäufer auf Nacherfüllung

oder Reparatur nach § 439 zu klagen, wenn er nachweisen kann, dass Mangel bereits bei Gefahrenübergang gemäß § 446 vorgelegen hat.

  - Ausnahme ist § 476 (gilt nur zwischen Unternehmern und Verbrauchern): Wenn innerhalb der ersten sechs Monate ein Sachmangel auftritt, geht man von einem Vorliegen bei Gefahrenübergang aus, solange Verkäufer nicht das Gegenteil beweist.

- **Gefahrenübergang nach § 446.**
  - Erst wenn Verkäufer dem Käufer die Ware übergeben hat, geht Gefahr des Kaputtgehens auf Käufer über.
  - Deshalb muss Käufer bei Anspruch auf Nacherfüllung, Rücktritt, Schadensersatz etc. nachweisen, dass Ware bereits vor Gefahrenübergang mangelhaft war (Ausnahme § 476).

- **Ansprüche aus § 437.**
  - (1) Nacherfüllung nach § 439.
    - Freie Wahl des Klägers ob Nacherfüllung oder Reparatur.
    - § 439 Abs. 3 erlaubt Verkäufer Wahl des Käufers zu ändern, wenn Reparatur / Nacherfüllung mit erheblichen Kosten verbunden wäre.
    - **Prinzip des Vorrangs der Nacherfüllung** wird auch hier deutlich.
      - Deutscher Staat räumt Schuldnern immer eine 2. Chance ein.
      - § 439 erlaubt keinen Rücktritt, erst, wenn auch diese Chance verstrichen ist.
      - § 281 und § 286 verlangen Mahnung und Nachfrist bevor Rücktritt.
      - § 441 da alle Ansprüche des Rücktritts erfüllt sein müssen.
  - (2) Minderung nach § 441.
    - Alle Anforderungen eines Rücktritts müssen erfüllt worden sein.
    - Verhandlung eines niedrigeren Kaufpreises ist keine Minderung im rechtlichen Sinne, sondern das Aushandeln eines neuen Vertrages (bzw. Individualabrede).
    - Abs. 3 enthält Rechnung, mit welcher man genauen Betrag der Minderung berechnen kann, sodass Anwalt abwägt, welche Anspruchsgrundlage zu wählen ist (Minderung oder Schadensersatz).

- **Sonstiges.**
  - Anspruch auf Schadensersatz statt der Leistung weil Nacherfüllung unmöglich (weil keine Nachfrist gesetzt werden kann): §§ 437 Nr. 3, 280 I, III, 283.
  - Rücktritt vom Vertrag wenn Schuldner Leistung nicht erbringen kann (deshalb Nachfrist nicht notwendig): §§ 437 Nr. 2, 323 I, 326 V.

- **Mangelfolgeschaden.**
  - Schaden nicht an Kaufsache selbst, sondern an anderer Sache (Haustier).
  - Anspruchsgrundlage §§ 437 Nr. 3, 280 Abs. 1, 433 Abs. 1 Satz 2.
    - Juristisch umstritten, aber im exam anerkannt.
    - Schadensersatz neben der Leistung, Vorwurf der Pflichtverletzung nach § 433.
    - 2 Jahre Verjährung nach § 438 Abs. 1 Nr. 3.
  - Wenn Haustier ohne Bezug auf Mangel beschädigt wird (z.B. während Montage oder Lieferung) ist Anspruchsgrundlage § 280 Abs. 1 i.V.m. § 241 Abs. 2.
    - § 241 Abs. 2 enthält vertragliche Schutzpflichten, Unterlassungsansprüche des Gläubigers, bezieht sich auf absolute Rechte aus § 823.
    - Verjährung nach §§ 199, 195 (3 Jahre ab Kenntnis, bis zu 10 Jahre lang).

- **Sonstiges.**
  - Wenn Schaden einmal eingeklagt wurde, dann wurde er nach § 249 wieder gutgestellt. Deshalb

kein weiterer Anspruch auf Schadensersatz mehr möglich, weil Schaden nicht länger vorliegt.

- **Beweisführung im deutschen Recht.**
  - SAPUZ als Grundsatz der Beweisführung.
    - **Sachverständiger**: Untersuchung des Schadens und der Ursache durch neutralen, sachkundigen Dritten.
    - **Augenschein**: Richter schaut sich fraglichen Schaden selbst an und entscheidet ob und was für eine Ursache.
    - **Parteien**: Kläger und Angeklagter werden befragt.
    - **Urkunden**: Verträge werden hinzugezogen um sich entsprechende Pflichten anzuschauen.
    - **Zeugen**: Richter hat das Recht bis zu 30 Zeugen zu misstrauen.
      => Freie richterliche Beweisführung.
    - Beweisführung über Audioaufnahmen nicht erlaubt, Videobeweise sind fragwürdig.

- **Trennung von Eigentums- und Vermögensschäden.**
  - Frage nach dem Eigentum eines Menschen.
    - Hat Käufer durch (wenn auch mangelhaften) Kauf einen Eigentumsverlust erlitten?
      → Nein, ist um etwas Schrott reicher.
    - Ist finanzieller Verlust kein Eigentumsverlust?
      → Geld ist kein Tauschgegenstand, wird nicht in Scheinen und Münzen betrachtet, sondern als Einlösemittel.
      => Geld ist kein Eigentum im deutschen Recht, deshalb greift § 823 nicht bei Vermögensschäden.
  - § 241 Abs. 2 spricht von Rechtsgütern, Vermögen ist ein Rechtsgut, deshalb greift § 241 Abs. 2 bei Vermögensschäden.

- **Vertragliche Ansprüche sind für Gläubiger lukrativer.**
  - § 280 wird über § 831 bevorzugt, da keine Möglichkeit der Exculpation.
  - § 241 Abs. 2 wird über § 823 bevorzugt, da auch Rechtsgüter (also Vermögen) berücksichtigt wird.

- **Sachmängelgewährleistung (Verbraucherschutz durch jus cogenz).**
  - § 475 Abs. 1 schützt den Verbraucher vor Haftungsausschluss durch Unternehmer, macht also alle anderweitigen Vereinbarungen nichtig.
  - § 475 Abs. 2: Sachmängelgewährleistung von mindestens 2 Jahren bei neuer Ware, von mindestens einem Jahr bei gebrauchtem Produkt.
    - Gebrauchtwagenhandel muss folglich mindestens ein Jahr Garantie anbieten (bedenke § 476).
    => Achtung: Verbraucherschutz, gilt nicht für Privatverkäufe.

- **Weiterfressender Mangel.**
  - Sachmangel an Kaufgegenstand hat Kaufgegenstand beschädigt.
    - Kein Mangelfolgeschaden, da nichts anderes beschädigt wurde.
    - Nach §§ 437 Nr. 3, 280 I, III, 281 I lediglich Anspruch auf Schadensersatz für Sachmangel, nicht aber für in Folge dessen beschädigten Kaufgegenstand.
    => Rechtsprechung schafft Lösung: *Weiterfressender Mangel.*
  - **Weiterfressender Mangel**: Wenn ein Sachmangel den Kaufgegenstand beschädigt, liegt eine Eigentumsverletzung nach § 823 vor.

- **Produkthaftungsgesetz.**
  - Schützt den Verbraucher, auch wenn nicht an EU-Verbraucherschutzverordnung angelehnt ist.

- ◦ Räumt Käufer die Möglichkeit ein neben Verkäufer auch Hersteller zu belangen.
  - ▪ Gedanke dahinter ist, dass Hersteller oft wohlhabender als Verkäufer ist (BMW ist wohlhabender als BMW Händler; aber LIDL ist wohlhabender als Bio-Bauer für den Champagner).
- ◦ Ist Gegenstand mangelhaft, darf Käufer den Verkäufer, aber auch den Hersteller belangen.
- ◦ Anspruchsgrundlage ist § 1, I, 1 ProdHaftG.
  - ▪ Hersteller muss den Geschädigten alle Schäden in Folge eines fehlerhaften Produktes erstatten.
  - ▪ Definition von Produkt (§ 2 ProdHaftG), Fehler (§ 3 ProdHaftG) und Hersteller (§ 4 ProdHaftG).
- ◦ **Zwei besonders wichtige Aspekte sind anzumerken.**
  - ▪ (1) Definition des Herstellers nach § 4 ProdHaftG.
    - • Hersteller ist jeder, welcher das Produkt oder einen Teil davon hergestellt oder angebracht hat, wer seine Marke darauf gesetzt hat und jeder Importeur in die EU (weil Ausländer nur unter großem Aufwand zu belangen sind).
    - • Lieferanten können wie Hersteller belangt werden, wenn binnen einer gesetzten Frist kein Nachweis des Herstellers durch Lieferant erfolgt.
  - ▪ (2) Limitierung des Schadensersatzes nach § 1, I, 2 ProdHaftG.
    - • Schaden muss nur ersetzt werden, wenn an anderer Sache entsteht, nicht wenn an Kaufgegenstand (dann § 823).

- • **Eigentumsstörungen.**
- ◦ Laut § 433 I, Satz 1 ist es die Pflicht des Verkäufers dem Käufer das Eigentum an der Sache zu verschaffen.
  => Schlussfolgerung: Übergabe nicht gleich Übereignung.
- ◦ **Eigentumsübertragung nach römischen Recht.**
  - ▪ Ersitzung: Wenn man länger als 6 Monate Besitzer ist, hat man Eigentum erworben.
- ◦ **Eigentumserwerb nach germanischem Recht.**
  - ▪ Zwei Verträge sind notwendig, Grundgeschäft (causa; Rechtsgrund für Besitzwechsel) und Erfüllungsgeschäft (Eigentumsübertragung).
  - ▪ § 929 Satz 1 regelt die Übereignung.
    - • Tatbestandsmerkmale sind Übergabe (erster Vertrag), Einigung über Eigentumsübergang (zweiter Vertrag) und Berechtigung (lediglich der Eigentümer kann Eigentum übertragen).
    => Zwei Verträge-System ist einzigartig auf der Welt, etwas umständlich aber durchaus nützlich.
  - ▪ Ersitzung erst nach 10 Jahren möglich mit Einschränkungen des § 937.
- ◦ **Abstraktionsprinzip**: Strikte Trennung von Grund und Erfüllung.
  - ▪ Wenn Übergabe erfolgt (Kaufvertrag), aber keine Eigentumsübergabe, dann hat Eigentümer Herausgabeanspruch nach § 985.
  - ▪ Wenn Eigentumsübertragung erfolgt, aber ohne rechtlichen Grund, dann Herausgabeanspruch nach § 812 I.
    => Strikte Trennung von Grund und Erfüllung, nicht verwechseln.
- ◦ **Problem von Diebstahl.**
  - ▪ Dieb D entwendet Eigentümer E die Sache und veräußert sie weiter an V.
  - ▪ Nach § 929 Satz 1 vorgehen: Übergabe (+), Einigung (+) Berechtigung (-).
  - ▪ **Ausnahmen** der Berechtigung u.a. in § 932: Bei Gutgläubigkeit geht Eigentum an Besitzer dennoch über.
  - ▪ **Einschränkung** der Ausnahme durch § 935: Wenn Sache abhanden gekommen ist (= unfreiwillig abgegeben wurde), dann gilt § 932 nicht.
    => Gutgläubiger Erwerb ausgeschlossen bei abhanden gekommenen Sachen.

- **Schadensersatzanspruch** wenn Sache lediglich übergeben, aber nicht übereignet wurde.
    - §§ 280 I, III, 283: Schadensersatz statt der Leistung bei Unmöglichkeit (weil Eigentum verschaffen nicht möglich ist).
    - Vertreten müssen wird analog über § 932 Abs. 2 geregelt.

- **Kreditsicherung über Pfandrecht.**
  - Entweder Sicherheitsübereignung oder Eigentumsvorbehalt (im folgenden genauer betrachtet).
  - Eigentümer behält sein Eigentum an der Sache, Käufer darf aber benutzen und wird erst Eigentümer wenn Sache vollständig abbezahlt hat (gängige Praxis bei Ratenzahlungen).
    → Kann Käufer nicht mehr zahlen, bleibt Eigentümer weiterhin Eigentümer.
  - Anspruchsgrundlage Eigentumsvorbehalt §§ 433, 449 und §§ 929 Satz 1, 158 I, 398 I.
    - Eigentum an der Sache wird erst mit Erfüllung der aufschiebenden Bedingung verschafft.
    - Bedingung = ungewisses Ereignis, Befristung = gewisses Ereignis.
    - Risiko beim Eigentumsvorbehalt ist Entwertungsrisiko.
    - Willenserklärung des Verkäufers steht beim Kauf fest, ist aber noch nicht wirksam. Mit letzter Ratenzahlung des K wird diese Willenserklärung wirksam gemacht und angenommen.
  - Pfandrecht deckt zwei Risiken bei Ratenzahlungen ab.
    - **1) Insolvenzrisiko.**
      - *1a) Käufer wird insolvent.*
        - Bei Insolvenz wird restliches Eigentum von Käufer gesammelt, liquidiert und gleichmäßig unter Gläubigern aufgeteilt. Verkäufer ist jedoch noch Eigentümer wegen Eigentumsvorbehalt und hat deshalb **Aussonderungsrecht**.
          → Im Falle der Insolvenz verliert V sein Eigentum nicht, ist folglich abgesichert.
      - *1b) Verkäufer wird insolvent.*
        - Wenn V nicht leisten kann, weil sein Besitz liquidiert werden müsste, dann kann Käufer beim Insolvenzvollstrecker **Anwartschaftsrecht** geltend machen und alles geht weiter wie gehabt. Solange K seine Raten leistet, hat er einen Anspruch auf Übereignung mit der letzten Rate.
          → Auch K ist im Falle einer Insolvenz des V abgesichert.
    - **2) Risiko der Weiterveräußerung.**
      - *2a) Verkäufer veräußert weiter.*
        - Übereignung seitens V an einen Dritten nach § 929 Satz 1 legitim, da V immer noch Eigentümer ist, würde aber § 158 verletzen.
        - § 161 I schützt sowohl den Dritten als auch den Käufer: K hat weiterhin Anwartschaftsrecht und wird Eigentümer nach Zahlung der letzten Rate. Dritter wird auch geschützt, da zwischenzeitlich Eigentum erhalten und Vertrag nicht im Vorhinein nichtig war.
      - *2b) Käufer veräußert Sache weiter.*
        - Problematisch, da K eigentlich kein Eigentümer ist.
        - Nach § 932 kann Eigentum an Gutgläubigen übertragen werden und V verliert dadurch Eigentum.
          - § 935 greift nicht, da V Eigentum freiwillig abgegeben hat.
          - K darf allerdings verkaufen, da es im Interesse des V sein könnte. Bsp. Kauf eines Rindes auf Kredit um daraus Wurst zu machen und diese zu verkaufen um damit den Kredit zu begleichen.
        - K erhält im Tausch für das Eigentum einen Kaufpreisanspruch nach § 433 II als Surrogat / Ersatz der Kaufsache.
          - Nach § 398 wird diese Forderung an den Verkäufer abgetreten, Anspruch auf Kaufpreisanspruch des V beruht auf §§ 433 II, 398.
            => **Verlängerter Eigentumsvorbehalt**, muss extra vereinbart werden.
          - Forderung wird erworben durch Kaufvertrag (§§ 433, 453) und Einigung (§ 398).

Wissensfragen Schuldrecht

- 1) Wer gegen das Offenkundigkeitsprinzip verstößt ist ein Vertreter ohne Vertretungsmacht gem. §§ 177, 179. Stimmt dieser Satz?

- 2) Die Lösung des § 132 I BGB gilt als misslungen. Warum? Wie wird das Problem heute durch die Rechtsprechung gelöst?

- 3) Was ist der Unterschied zwischen der Produzentenhaftung gem. § 823 I BGB und der Produkthaftung gem. § 1 I 1 ProdHaftG.

- 4) Ist ein Amtsgericht an Urteile des Bundesgerichtshofes gebunden?

- 5) Welche Ansprüche hat man bei Verzug? Nennen Sie die Anspruchsgrundlagen.

- 6) Was versteht man unter der Transparenzkontrolle von Allgemeinen Geschäftsbedingungen.

- 7) Welche Aufgabe hat dispositives Recht?

- 8) Darf man Dinge, die einen unbestellt zugeschickt wurden, behalten, ohne dafür zahlen zu müssen?

- 9) Was wird im Bürgerlichen Recht unter dem Begriff der „Vertragsfreiheit" als Ausdruck der Privatautonomie verstanden? Welche Grenzen der Vertragsfreiheit kennen Sie?

- 10) Was versteht man unter „Vorrangs der Nacherfüllung"? Wo ist dieser geregelt?

- 11) Warum ist eine invitatio ad offerendum kein Angebot?

- 12) Was ist der Unterschied zwischen ein Werkvertrag und einem Dienstvertrag?

- *Extra Fragen*
- X, 13) Was ist das Besondere am Abstraktionsprinzip?

- X, 14) Was ist der Unterschied zwischen Anwartschafts- und Aussonderungsrecht?

- X, 15) Mangelfolgeschäden beziehen sich nur auf andere Gegenstände als die Kaufsache. Wie wurde dieses Problem gelöst?

- X, 16) Sind für Gläubiger vertragliche oder nicht-vertragliche Ansprüche lukrativer? Warum?

- X, 17) Wie sieht die Beweisführung im deutschen Recht aus?

- X, 18) Ist eine Garantie eine Mangelgewährleistung? Erkläre die Unterschiede.

- X, 19) Nenne und beschreibe die drei Besonderheiten, welche sich im § 434 finden.

- X, 20) Was ist der (rechtliche) Unterschied zwischen Haupt- und Nebenleistungspflichten? Nenne ein Beispiel dafür, dass die Legislative eine Nebenleistungs- zur Hauptleistungspflicht ernannt hat.

- X, 21) Weshalb hat § 119 in der Praxis keine besondere Bedeutung (mehr)?

- X, 22) Ist eine Stellvertretung vor deutschen Gerichten möglich? Begründen Sie Ihre Antwort und nennen Sie eventuelle Ausnahmen.

- X, 23) Definieren Sie den Begriff „case law" und geben Sie mindestens drei Beispiele.

- X, 24) Wieso findet § 123 bei Arbeitsverträgen keine Anwendung? Wie hat die Rechtsprechung dieses Problem gelöst?

Antworten

- 1) Wer gegen das Offenkundigkeitsprinzip verstößt ist ein Vertreter ohne Vertretungsmacht gem. §§ 177, 179. Stimmt dieser Satz?
  - Offenkundigkeitsprinzip § 164 II, Verstoß = Eigengeschäft.
  - §§ 177, 179 regeln falsus procurator, erfordert Ablehnung des Vertrages durch Vertretenden
    → Innerer Widerspruch, wenn Vertretender Vertrag ablehnen muss, aber Dritter nichts von einer Stellvertretung weiß.
    => Anklage nach § 179 nicht möglich, wenn § 177 nicht prüfbar ist.

- 2) Die Lösung des § 132 I BGB gilt als misslungen. Warum? Wie wird das Problem heute durch die Rechtsprechung gelöst?
  - Gerichtsvollzieher arbeiten erst nach Bezahlung, Kosten zahlt Sender, kann diese vom Empfänger einklagen.
  - Zugestellte Willenserklärungen sind meist Rechnungen wegen Illiquidität.
    => Sender hat Anspruch auf Geld, Empfänger hat aber keines.
  - Lösung ist Case Law.
    - Möglichkeit des Zugangs: Willenserklärung muss sich im Herrschaftsbereich des Empfängers befinden um als zugegangen zu gelten.
    - Üblichkeit des Zugangs: Willenserklärung muss zu verkehrsüblichen Zeiten eingehen um als zugegangen gelten zu können.
    - § 242 Zugangsfiktion: Wenn Zugang vorsätzlich verhindert, dann weiß Empfänger / kann erahnen was deren Inhalt ist.
    - § 276: Schadensersatz wegen Pflichtverletzung: Wer (grob) fahrlässig Zugangsverhinderung nicht beseitigt, muss Vertrauensschaden wegen nicht-Zugang bezahlen.

- 3) Was ist der Unterschied zwischen der Produzentenhaftung gem. § 823 I BGB und der Produkthaftung gem. § 1 I 1 ProdHaftG.
  - Produzentenhaftung nach § 823 I.
    - Schützt neben Leben, Körper, Gesundheit und Eigentum auch Eigentum und sonstige Rechte.
    - Nur der direkte Verursacher kann angeklagt werden.
  - Produkthaftung nach § 1 I, 1 ProdHaftG.

- ▪ Schützt „lediglich" Leben, Körper, Gesundheit und Eigentum.
- ▪ Weit-gefächerte Herstellerdefinition (§ 4 ProdHaftG) lukrativer für Kläger.

- 4) Ist ein Amtsgericht an Urteile des Bundesgerichtshofes gebunden?
  - ○ Präjudiziensystem im angelsächsischen Raum, nicht in Europa gültig.
  - ○ Richterliche Autonomie wird nur durch Gesetze eingeschränkt, durch nichts anderes.
  - ○ Entscheidungen des BGH werden oft Folge geleistet, definiert häufig case law, muss aber nicht.

- 5) Welche Ansprüche hat man bei Verzug? Nennen Sie die Anspruchsgrundlagen.
  - ○ Rücktritt nach § 323 Abs. 1 Alt. 1
  - ○ Schadensersatz neben der Leistung §§ 280 I, II, 286 I
  - ○ Schadensersatz statt der Leistung §§ 280 I, III, 281 I Satz 1 Alt. 1
  - ○ Schadensersatz statt der ganzen Leistung §§ 280 I, III, 281 I Satz 1 Alt. 1 und Satz 2

- 6) Was versteht man unter der Transparenzkontrolle von Allgemeinen Geschäftsbedingungen.
  - ○ Unangemessene Benachteiligung des Verbrauchers verhindern, da Lesen von AGB irrational.
  - ○ Überraschendes (§ 305c Abs. 1), Auslegungszweifel (§ 305c Abs. 2) und Unverständliches (§ 307 Abs. 1 Satz 2).
  - ○ Klauseln werden ausgeschlossen und nach § 306 tritt dispositives Recht an dessen Stelle.

- 7) Welche Aufgabe hat dispositives Recht?
  - ○ Individuelle Freiheit nach Art. 2 Abs. 2 GG schützen, Gedanke des Nachtwächterstaates.
  - ○ Vertragliches Gleichgewicht schaffen, keine Benachteiligung einer Seite.
  - ○ Wenn beide Seiten sich über gewisse Vertragsbedingungen nicht abgesichert haben, greift dispositives Recht und behandelt beide Parteien gleich.
  - ○ Bsp. Ehevertrag: Ehepartner denken bei Hochzeit nicht an mögliche Scheidung, deshalb oft kein Ehevertrag geschlossen. Wenn Scheidung aber eintritt regelt dispositives Recht, dass Vermögen gleich verteilt wird.

- 8) Darf man Dinge, die einen unbestellt zugeschickt wurden, behalten, ohne dafür zahlen zu müssen?
  - ○ Bis vor einiger Zeit nicht, war Geschäftsmodell vieler Unternehmen, warf Juristen vor große Herausforderung und Beweis- / Auslegungsproblemen.
  - ○ Legislative erlässt § 241a im Zuge des Verbraucherschutzes (Amtlicher Hinweis).
    - ▪ Lieferung von unbestellten Waren (sofern kein Irrtum) kommt Schenkung gleich (zwingendes Recht (Abs. 3)).

- 9) Was wird im Bürgerlichen Recht unter dem Begriff der „Vertragsfreiheit" als Ausdruck der Privatautonomie verstanden? Welche Grenzen der Vertragsfreiheit kennen Sie?
  - ○ Vertragsfreiheit umfasst Inhaltsfreiheit und Abschlussfreiheit.
  - ○ Grenzen der Abschlussfreiheit: Kontrahierungszwang in einigen Branchen.
  - ○ Grenzen der Inhaltsfreiheit: Gute Sitten nach § 138.
    - ▪ Unangemessene Benachteiligung der anderen Vertragspartei verboten.
    - ▪ Sittenwidrige Ratenkredite, Überschuldungsfallen, Knebelverträge.

- 10) Was versteht man unter dem Grundsatz des „Vorrangs der Nacherfüllung"? Wo ist dieser geregelt?
  - ○ Im dt. Recht muss Schuldner immer eine zweite Chance gewährt werden, Vorrang der Nacherfüllung gegenüber anderen Mängelrechten.

- ◦ Beispiele sind Schadensersatz statt der (ganzen) Leistung (§ 281) oder Rücktritt nach § 323.
- ◦ Ausnahmen sind ernstliche oder endgültige Verweigerung der Schuldners (§ 281 Abs. 2) oder Unmöglichkeit (§ 283).

- 11) Warum ist eine invitatio ad offerendum kein Angebot?
- ◦ Kein Kontrahierungszwang in Deutschland, Verkäufer hat das Recht sich seine Kunden auszusuchen.
- ◦ Verkäufer darf sich von Liquidität und Geschäftsfähigkeit des Kunden überzeugen (kann aber freiwillig darauf verzichten (Bsp. Ticketautomat)).
- ◦ Geschäfte zwischen Menschen und Sachen können i.d.R. nicht zustande kommen.
- ◦ Verhinderung, dass Verkäufer mehr Verträge schließt als Waren vorhanden sind.

- 12) Was ist der Unterschied zwischen ein Werkvertrag und einem Dienstvertrag?
- ◦ Werkvertrag nach § 631 schuldet Erfolg um Vergütung zu erlangen.
- ◦ Dienstvertrag nach § 611 schuldet Zeit um Vergütung zu erhalten.

- ***Extra Fragen***
- X, 13) Was ist das Besondere am Abstraktionsprinzip?
- ◦ Eigentumserwerb erfolgt über zwei verschiedene Verträge, einzigartig auf der Welt.
- ◦ Übergabe durch Schuldverhältnis, Übertragung durch Einigung.
- ◦ § 985 bei nicht zustande gekommener Eigentumsübertragung.
- ◦ § 812 bei nicht vorliegendem Schuldverhältnis.

- X, 14) Was ist der Unterschied zwischen Anwartschafts- und Aussonderungsrecht?
- ◦ Bei Eigentumsvorbehalt können beide Parteien vor Ablauf der Bedingung aus § 158 I insolvent werden.
- ◦ Aussonderungsrecht schützt Verkäufer, da Anspruch als Besitzer auf Herausgabe vom Insolvenzvollstrecker.
- ◦ Anwartschaftsrecht schützt Käufer, da Anspruch auf Herausgabe von Eigentümer nach § 161 I, auch wenn dieser in der Zwischenzeit gewechselt wurde.

- X, 15) Mangelfolgeschäden beziehen sich nur auf andere Gegenstände als die Kaufsache. Wie wurde dieses Problem gelöst?
- ◦ Weiterfressender Schaden vom Bundesgerichtshof entschieden worden.

- X, 16) Sind für Gläubiger vertragliche oder nicht-vertragliche Ansprüche lukrativer? Warum?
- ◦ § 280 nur wenn Schuldverhältnis vorliegt, dann haftet Schuldner für Fehler der Erfüllungsgehilfen (§ 278).
  - Ohne Vertrag müsste auf § 831 geklagt werden, Schuldner besitzt Möglichkeit der Exculpation.
- ◦ Schutzpflichten aus § 241 II gelten nur bei Verträgen.
  - § 823 bei Verletzung von Körper, Leben, Gesundheit etc. sowie Eigentum aber nicht Vermögen.

- X, 17) Wie sieht die Beweisführung im deutschen Recht aus?
- ◦ Unter dem Schlagwort SAPUZ zusammengefasst.
  - Sachverständiger: Objektiver Sachkundiger schaut sich Vorfall an und entscheidet ob und durch wen eine Pflichtverletzung vorliegt. Kosten trägt der „Verlierer".
  - Augenschein: Richter schaut sich Situation persönlich vor Ort an und entscheidet individuell / situativ.

- Parteien: Befragung der beiden Streitparteien nach Ereignissen / deren Verständnis / Wahrnehmung.
- Urkunden: Unterzeichnete Dokumente werden vorgelegt, gelesen und durch Richter verbindlich gedeutet.
- Zeugen: Richter hat das Recht bis zu 30 Zeugen zu misstrauen.

- X, 18) Ist eine Garantie eine Mangelgewährleistung? Erkläre die Unterschiede.
  - Sachmangelgewährleistung nach § 475 ist gesetzlich vorgeschrieben und darf 2 Jahre bei neu hergestellten Waren bzw. 1 Jahr bei gebrauchten nicht unterschreiten.
    → Nachweis eines Sachmangels durch Käufers (außer § 476).
  - Garantie nach § 443 ist eine freiwillige Leistung des Verkäufers.
    → Vorliegen eines Mangels reicht aus um Garantieleistungen in Anspruch nehmen zu können.

- X, 19) Nenne und beschreibe die drei Besonderheiten, welche sich im § 434 finden.
  - Vereinigung von subjektivem und objektivem Mangelbegriff (Abs. 1).
  - IKEA – Klausel um Verbraucher zu „schützen" (Abs. 2).
  - Definition eines Aliud als Sachmangel (Abs. 3).

- X, 20) Was ist der (rechtliche) Unterschied zwischen Haupt- und Nebenleistungspflichten? Nenne ein Beispiel dafür, dass die Legislative eine Nebenleistungs- zur Hauptleistungspflicht ernannt hat.
  - Hauptleistungspflichten sind primäre Leistungspflichten eines Schuldners (z.B. Lieferung frei von Sachmängeln nach § 433).
  - Nebenleistungspflichten sind Schutz- oder Unterlassungspflichten aus § 241.
  - Verstoß gegen Hauptleistungspflicht berechtigt Gläubiger zum Rücktritt, Verstoß gegen Nebenleistungspflichten lediglich zu Nacherfüllung.
  - IKEA-Klausel nach § 434 Abs. 2 macht aus Nebenleistungspflicht „fehlerfreie Montageanleitung" eine Hauptleistungspflicht.

- X, 21) Weshalb hat § 119 in der Praxis keine besondere Bedeutung (mehr)?
  - Ausschluss eines Rechtsirrtums: Wer deutsches Recht nicht kannte oder sich darüber geirrt hat, darf nicht nach § 119 einklagen (Ackermann Fall).
  - Ausschluss des Wertes von Sachen: Wenn über Wert der Sache geirrt, darf nicht nach § 119 eingeklagt werden, da Wert keine Eigenschaft, sondern eine Bewertung der Eigenschaften durch den Markt darstellt.

- X, 22) Ist eine Stellvertretung vor deutschen Gerichten möglich? Begründen Sie Ihre Antwort und nennen Sie eventuelle Ausnahmen.
  - Gerichtsprozesse sind „höchstpersönliche Geschäfte" (inter-partes Wirkung von Verträgen), deshalb keine Stellvetetung vor Gerichten erlaubt (keine Sammelklagen wie in USA).
  - § 1 Unterlassungsklagengesetz hebt inter-partes Wirkung von Verträgen zu Gunsten des Verbraucherschutzes vor AGB auf und erlaubt Stellvertretung für entsprechende Fälle.

- X, 23) Definieren Sie den Begriff „case law" und geben Sie mindestens drei Beispiele.
  - In der Rechtsprechung entstandene, weitestgehend von allen Instanzen eingehaltene Auslegungen von Gesetzten gemäß der Intention der Legislative (teleologische Auslegung von Gesetzen).
  - Richter oder Literatur bestimmen solche „Traditionen", entsprechend viel Spielraum für Richter.
  - Beispiele sind weiterfressender Mangel, Möglichkeit & Üblichkeit des Zugangs, Verbot der

geltungserhaltenden Reduktion, objektiver Empfänger, invitatio ad offerendum, Anscheins- &
Duldungsvollmachten, ergänzende Vertragsauslegung, offener Dissens, offene Stellvertretung,
Bargeschäfte des täglichen Lebens.

- X, 24) Wieso findet § 123 bei Arbeitsverträgen keine Anwendung? Wie hat die Rechtsprechung
  dieses Problem gelöst?
  - Wenn Arbeitnehmer arglistig getäuscht hat und Unternehmer Arbeitsvertrag ex tunc
    terminieren möchte, muss Arbeitnehmer die Gehaltszahlung nachweisen und Arbeitnehmer
    seine vollbrachte Leistungen.
  - Arbeitgeber druckt Lohnabrechnungen aus, Arbeitnehmer muss mit Zeugen und Stechuhr
    beweisen wann er was gearbeitet hat → Erheblicher Aufwand und deshalb Benachteiligung.
  - Objektive Wertbestimmung der Arbeit des Arbeitnehmers weiterhin sehr schwierig.
    => Rechtsprechung entschied, dass § 123 nicht auf Arbeits- und Gesellschaftsverträge
    anwendbar ist, jedoch hat Arbeitgeber die Möglichkeit der ex nunc Vertragsauflösung.

Übersicht Vorgehensweise bestimmter Fallgruppen

- **1) Stellvertretung**

- **2) Leistungsstörungen**
  - 2a) Verzug
    - Schadensersatz
      - Neben der Leistung
      - Statt der Leistung
      - Statt der gesamten Leistung
  - 2b) Schlechtleistung
    - Nacherfüllung
    - Rücktritt
    - Minderung
    - Schadensersatz

- **3) Widerruf**

- **4) Irrtum**

- **5) Beschränkte Geschäftsfähigkeit**

- **6) Eigentumsstörung**

<table>
<tr><td colspan="3" align="center">Vorgehensweise Stellvertretung
Anspruchsgrundlagen: individuell (meist § 433 II oder § 179)
Grundlage der Prüfung ist § 164</td></tr>
<tr><td>(1) Zulässigkeit</td><td>(2) Eigene Willenserklärung</td><td>(3) im fremden Namen</td></tr>
<tr><td>Nur bei höchstpersönlichen Geschäften unzulässig, dann aber explizit in Vorschrift erwähnt</td><td>2a) Handlungsspielraum
2b) Geschäftsfähigkeit § 165
2c) sonst Botenschaft</td><td>3a) Offenkundigkeitsprinzip (§ 164 II, sonst Eigengeschäft)
3b) Bargeschäft des täglichen Lebens (case law)
3c) offene Stellvertretung (case law)
3d) Prokurist §§ 49, 50 HGB
3e) Handlungsbevollmächtigter § 55
3f) Angestellter im Warenlager, Außenvertreter §§ 55, 56 HGB</td></tr>
<tr><td colspan="2">(4) mit Vertretungsmacht</td><td>(5) im Rahmen der Vertretungsmacht</td></tr>
<tr><td colspan="2">4a) Erteilt (§ 167)
4b) Rechtsscheinvollmachten
4b1) im Außenverhältnis (§ 170)
4b2) Bekundung der Innenvollmacht (§ 171)
4b3) Vollmachtsurkunde (§ 172)
4b4) Ausnahme (§ 173)
4b5) Duldungsvollmacht (case law)
4b6) Anscheinsvollmacht (case law)</td><td>Nach der im Verkehr erforderlichen Sorgfalt mit Rücksicht auf Treu und Glauben (…)

Erteilte Vollmacht: Das Vereinbarte darf nicht überschritten werden, sonst Vertrag nichtig

Rechtsscheinvollmachten: Das „Übliche" darf nicht überschritten werden, sonst Vertrag nichtig</td></tr>
<tr><td colspan="3" align="center">(6) Rechtsfolgen</td></tr>
<tr><td>6a) Verträge für und gegen Vertretenen wirksam (§ 164 I)</td><td>6b) Vertrag nichtig, wenn
(i) Stellvertretung nicht zulässig
(ii) ohne Vertretungsmacht
(iii) nicht im Rahmen der Vertretungsmacht</td><td>6c) Falsus procurator (§ 177)
(i) Schadensersatz oder Erfüllung nach § 179</td></tr>
</table>

<table>
<tr><td colspan="4" align="center">Vorgehensweise Verzug - Schadensersatz</td></tr>
<tr><td colspan="2">A. Neben der Leistung</td><td>B. Statt der Leistung</td><td>C. Statt der gesamten Leistung</td></tr>
<tr><td colspan="2">§§ 280 I, II, 286 I</td><td>§§ 280 I, III, 281 I</td><td>§§ 280 I, III, 281 I, 2</td></tr>
<tr><td colspan="4" align="center">(1) Schuldverhältnis</td></tr>
<tr><td>Kaufvertrag (§ 433)</td><td>Dienstvertrag (§ 611)</td><td>Werkvertrag (§ 631)</td><td>Culpa in Contrahendo (§ 311 II, Nr. 2)</td></tr>
<tr><td colspan="4" align="center">(2) Pflichtverletzung</td></tr>
<tr><td>Sachmangel (§§ 434, 446)</td><td></td><td></td><td>Schutzpflichten verletzt (§ 241 II)</td></tr>
<tr><td colspan="4" align="center">(3) Vertreten müssen</td></tr>
<tr><td colspan="2">3a) Vorsatz oder Fahrlässigkeit (§ 276)</td><td colspan="2">3b) Erfüllungsgehilfen (§ 278)</td></tr>
<tr><td colspan="4">(4) Schaden: individuell (§§ 249, 252)</td></tr>
<tr><td colspan="2">(5) Mahnung
5a) Ausnahmen:
- Termin & Weigerung (Abs. 2)
- Entgeltforderung (Abs. 3)</td><td colspan="2">(6) Nachfrist
6a) Ausnahmen:
- Weigerung (Abs. 2)
- Mahnung (Abs. 3)</td></tr>
</table>

- Unmöglichkeit (Abs. 5)	- Unmöglichkeit (§ 283)
	7) Kein Interesse an Teilleistung (Abs. 1 Satz 2) 8) Ausnahmen: - Unerheblichkeit (Abs. 1 Satz 3) - Unmöglichkeit (§ 283)

Vorgehensweise Schlechtleistung			
A. Nacherfüllung §§ 437 Nr. 1, 439 I	B. Rücktritt §§ 437 Nr. 2, 323 I	C. Minderung §§ 437 Nr. 2, 441 I	D. Schadensersatz §§ 437 Nr. 3, 280 I, II, 281 I
(1) Vorliegen eines Kaufvertrages nach § 433 (2) Vorliegen eines Sachmangels nach § 434 2a) Subjektiver Mangelbegriff (Abs. 1 Satz 1) 2b) Objektiver Mangelbegriff (Abs. 1 Satz 2) 2c) IKEA-Klausel (Abs. 2) 2d) Aliud (Abs. 3) 3) Vorliegen eines Sachmangels bereits bei Gefahrenübergang (§ 446) 3a) Beweislastumkehr (§ 476) 4) Verjährung (§ 438 I, Nr. 3)			
(5) Rechtsfolge: Anspruch nach § 439 (6) Ausnahme: Unzumutbarkeit (Abs. 3)	(5) Möglichkeit des Rücktritts (§ 323 VI) (6) Nachfrist (7) Ausnahmen: - Weigerung & Termin (Abs. 2)	(5) Tatbestandsmerkmale des § 323 erfüllt (6) Rechtsfolge: - Minderung des Kaufpreises durch Dreisatz (Abs. 3) - Erstattung der Mehrkosten (Abs. 4)	(5) Schuldverhältnis (6) Pflichtverletzung (7) Vertreten müssen (8) Schaden (9) Nachfrist 9a) Ausnahmen: - - Weigerung (Abs. 2) - Mahnung (Abs. 3) - Unmöglichkeit (§ 283)

Vorgehensweise Widerruf Anspruchsgrundlage § 355 i.V.m. § 312g	
1) Anwendbarkeit (§ 312): Verbrauchervertrag (§ 310 Abs. 3)	
1a) Verbraucher nach § 13 **und** Unternehmer nach § 14	
2a) Außerhalb von Geschäftsräumen geschlossene Verträge (§ 312b)	2b) Fernabsatzverträge (§ 312c)
3) Ordnungsgemäßer Widerruf: Zugang einer eindeutigen Willenserklärung an Unternehmer. 4) Fristgerechter Widerruf 4a) Regulär 14 Tage (§ 355 II), rechtzeitiger Versand reicht aus 4b) Ausnahmen (§ 356) - Beginn erst nach Erhalt der Waren (Abs. 2) - Beginn erst nach ordnungsgemäßer Belehrung nach Art. 246 § 2 Abs. 1 EGBGB (Abs. 3) - Erlöschen spätestens nach 12 Monaten und 14 Tagen (Abs. 3 Satz 2) - Erlöschen wenn Dienstleistung vollbracht (Abs. 4)	

Vorgehensweise Irrtum
Anspruchsgrundlage § 142 I i.V.m. § 812 I

1) Anfechtbarkeit des Vertrages	
1a) Wegen Irrtum der Sache oder wesentlicher Eigenschaften (§ 119)	1b) Wegen arglistiger Täuschung / Drohung (§ 123)
1a1) Ausnahmen: - Rechtsirrtum - Irrtum über Wert des Sache	1b1) Ausnahmen: - Kenntnis der Täuschung
2) Verjährungsfristen beachten	
2a1) Unverzüglich nach Kenntnisnahme (§ 121 I) 2a2) Maximal 10 Jahre nach Vertragsschluss (§ 121 II)	2b) Bis zu 1 Jahr nach Kenntnisnahme (§ 124 Abs. 1) 2b2) Maximal 10 Jahre nach Vertragsschluss (§ 124 Abs. 3)
3) Rechtsfolgen 3a) Rückwirkungsfiktion nach § 142 I 3b) Herausgabeanspruch von Leistungen nach § 812 I	

Vorgehensweise beschränkte Geschäftsfähigkeit		
Anspruchsgrundlagen: individuell (meist § 433 II)		
(1) Geschäftsfähigkeit definieren		
1a) keine Geschäftsfähigkeit bis 7 Jahre (§ 104)	1b) beschränkte Geschäftsfähigkeit zwischen 7 und 18 Jahren(§ 106)	1c) volle Geschäftsfähigkeit ab 18 Jahren (§ 2)
(2) Rechtsfolgen		
Nichtigkeit der abgegebenen Willenserklärungen (§ 105)	Schwebende Unwirksamkeit des Vertrages (§§ 107, 108)	
	Ausnahmen: - lediglich rechtlicher Vorteil (§ 107) - Taschengeldparapraph (§ 110) - Teilweise Geschäftsfähigkeit (§ 113) - Stellvertretung (§ 165)	

Vorgehensweise Schadensersatz Eigentumsvorbehalt
Anspruchsgrundlage §§ 280 I, 249

(1) Vorliegen eines Eigentumsvorbehaltes nach §§ 433, 449, 158

(2) Weiterveräußerung der Sache von K an D
2a) Übereignung nach § 929 Satz 1
2b) Gutgläubigkeit des D nach § 932
2c) Nichtigkeit von § 932 durch § 935

(3) Schadensersatz wegen der Weiterveräußerung

3a) Schuldverhältnis: Kaufvertrag unter Eigentumsvorbehalt

3b) Pflichtverletzung: § 158 wurde nicht eingehalten, da noch kein Eigentümer, aber bereits verkauft

3c) Vertreten müssen: § 276 Vorsatz

3d) Schaden: Nach § 249 hat ehemaliger Eigentümer V einen Schaden